小腳丫遊臺灣 2

親子旅遊超好玩

劉芷溱 文・攝影　郭淑莉 插圖

CONTENTS

南投

彰化

嘉義

臺南

高雄

屏東

行前準備 & 出遊注意事項

攜帶物品

★充足的水、牛奶。

★衣服多帶 1 ～ 2 套：小朋友會玩水、挖沙、流汗、打翻飲料等，都需要更衣。

★簡單的醫療用品：防蚊液、外用的藥膏。

★衛生用品：溼紙巾、尿布、襪子（有些親子場所會要求著襪才能進入，因此不論冬天或夏天，建議都放在媽媽包中備用）

★相機：若行有餘力，不妨試著拍照，記錄小寶貝帶給家人最純真的笑容以及最無理的取鬧！

交通方式

大臺北、高雄因交通運輸發達，搭乘公共運輸是很棒的選擇，也可以機會教育小朋友乘車禮儀。其他地區大部分建議自行開車，若是路程較遙遠，最好可以配合小朋友的午睡時間，或是準備一些兒歌 CD、小餅乾、可分批拿出的安撫玩具、介紹馬路上各式各樣的交通工具等，幫助小孩轉移不耐的情緒。

選擇適合的出遊地

不同年齡層的兒童適合的環境不盡相同：嬰兒時期需要爬行墊，大小孩則需要寬廣的活動空間。每個孩子的個性也大不相同，有的偏向靜態，有的偏向動態活動：有些小孩可以靜靜地完成 DIY 彩繪；有的則是喜歡具有挑戰性的遊樂設施。依季節不同選擇的景點也有出入，酷暑可選擇玩水、遮陰的沙坑或室內有冷氣的場所；秋高氣爽則可增加戶外的活動。

因此，本書以地區分類，家長可依孩子的歲數及個性篩選。以下則是依 0 至 6 歲兒童的發育程度，列出適宜的景點選擇。

0至2歲嬰幼兒：

父母最手忙腳亂，無法掌控的年紀，小朋友注意力有限，較容易哭鬧。景點選擇建議政府公托（親子館）、親子餐廳。

政府公托 限齡0至6歲，有的還特別設立0至2歲專區，提供布書、質地柔軟的玩具、輕質積木等，也可免遭大小孩的碰撞。

親子餐廳 提供兒童餐具、哺乳室、寶寶粥、兒童遊戲區等。

2至4歲幼童：

有自我意識，可以粗略溝通，卻也是「trouble 2、terrible 3」，情緒不穩定，特別適合公園、農場等開放空間景點。

公園 有沙坑、簡易的遊樂設施，全臺各地也有不少特色溜滑梯。

農場 動物餵食、採果等活動，最受這個年紀的小朋友喜愛，也可參加簡易的DIY活動。

4至6歲幼童：

動作靈敏，喜歡探險，活動範圍更大，可以溝通、約束自我，是精力充沛的小大人，特別適合觀光工廠、博物館、展示館等景點。

觀光工廠 供民眾了解產業文化，多有小朋友喜愛的公仔娃娃。DIY手作則可以了解各種不同產業的工藝。

博物館 & 展示館 展覽品周圍通常會拉起紅線，禁止進入，這年紀的小孩可接受適當約束，讓家長不會太緊張，而後則可以盡情地在探索區解放！

＊注意：門票若無特別標示兒童票，係指6歲以下孩童免票。營業時間若寫全年無休，不一定包含除夕及過年期間。

家長不妨乘坐時光機，放下身段，與孩子一同沉浸在童玩的世界中！

行前心理建設

在出遊之前，可以跟小朋友討論這次的走訪行程，以及針對小朋友的特性，加入約定事項。例如：

1. 會堅持買東西的小朋友，可以事先約定這次買東西的價錢以及數量。
2. 喜愛探索的小朋友，可以先跟他約定好到展覽館的那些東西是不能碰的。
3. 不喜歡排隊入場，不妨跟小朋友來一場「深入」的探討，換成家長們反問小孩：「你覺得這間工廠是用來做什麼的」、「工廠都需要買什麼原物料呢」、「這裡一天吸引多少人來訪呢」……等等，希望能幫助大家排解旅遊中常發生的親子糾紛，也能藉此從中訓練小朋友自我的約束能力。

基隆

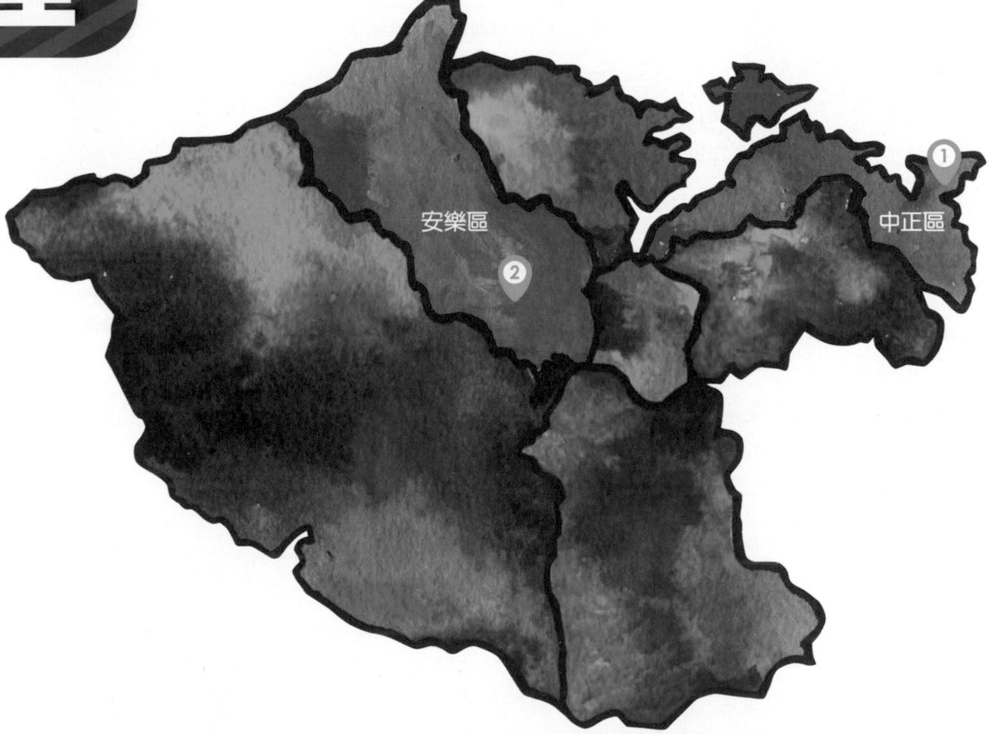

安樂區

中正區

① Art 積木塗鴉餐廳
②基隆市立婦幼福利服務中心

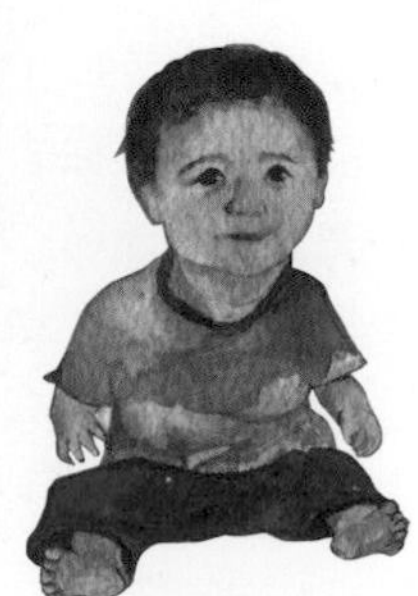

1 中正區 Art積木塗鴉餐廳

位於海洋科技博物館的 4 樓，算是中高價位的親子餐廳，兒童套餐 250 元，大人套餐 420 元起。店如其名，提供小孩盡情創作繪畫的空間，除了地板的紙畫，透明玻璃也都可以任意塗鴉。爬行區提供豐富的平衡整合器材，還有幼童喜愛的大積木、餐廚玩具。（徒步到海科館的主題館僅隔一條馬路，詳情請見《小腳丫遊臺灣》P11）

Info

- 大人低消 300 元，3 歲以上小孩低消 200 元
- 9：00 ～ 18：00，週一公休
- (02)2469-3496
- 基隆市中正區北寧路 367 號
- 臺 62 縣瑞芳交流道約 5 分鐘（備有付費停車場）
- 兒童遊樂設施、爬行區、哺乳室、兒童餐點

1 塗鴉　2 兒童遊樂設施

2 安樂區
基隆市立婦幼福利服務中心

1 樓的遊樂空間，有溜滑梯、大型的玩具。3 樓有個規劃較於完善的親子館，限齡 6 歲以下小朋友進入，須攜帶兒童健保卡至 5 樓辦證入場，來這裡大人小孩皆需要著襪進入。裡面有提供繪本、積木、扮家家酒區（還有多種角色扮演服飾）、數隻跳跳馬，雖然占地不大，但提供的教具種類非常多樣。0 ～ 3 歲分齡區，提供柔軟的教具，還有三面大的哈哈鏡。每日開放四個時段，建議先電話預約。

Info

9：00 ～ 17：00，週日、一公休
（02）3401-0618
基隆市安樂區麥金路 482 號
開車國 1 下基隆交流道約 5 分鐘（備有停車場）
兒童遊樂設施、哺乳室

1 小而美的婦幼館　**2** 0 ～ 3 歲專區

新北

①皇后鎮森林
②貝兒絲樂園
③新北市歡樂耶誕城
④溪北生態公園
⑤猴硐貓村
⑥幾分甜幸福城堡
⑦臺灣山豬城
⑧吳福洋襪子故事館
⑨錦和運動公園

1 三峽區
皇后鎮森林

入口處的藍色小屋是 DIY 手作教室，主打馬賽克拼貼和蝶谷巴特。這裡最令人津津樂道的就是夢幻的游泳池，泳池區分成人區和兒童區。餐廳部分大量以乾燥植物作裝飾，呈現濃濃的鄉村風格，相當適合愛拍照的遊客們。在主園區的另一個方向，還有可愛動物區，小朋友可以買飼料，餵餵小動物喔！園內另有露營區、烤肉區旁邊有塊乾淨舒適的草皮，很適合小朋友奔跑。

Info

- $ 門票 100 元，可抵消費，游泳池 100 元／人
- 平日 10：00 ～ 19：00，假日 09：00 ～ 22：00
- (02)2668-2591
- 新北市三峽區竹崙路 95 巷 1 號
- 國 3 三峽交流道約 25 分鐘（備有停車場）
- 兒童遊樂設施、動物農場、DIY 馬賽克拼貼

1 景觀泳池　**2** 餐廳內部大以乾燥植物做裝飾　**3** 園內走濃濃的鄉村風格　**4** 餐廳一隅　**5** DIY 教室

2 板橋區 貝兒絲樂園

貝兒絲樂園目前共有兩家親子館，市府館限0～6歲，板橋館限0～8歲。園區設有6大國家的遊戲區，讓小朋友從玩樂中認識各個國家的特色，像是韓國烤肉、日本壽司、美國牛仔，教具相當精緻，而且還可到試衣間挑選適當的服裝，體驗角色扮演！另外還有球池、撈魚區、旋轉飛機（須購買代幣）。館方還不時會有團康活動，像是帶動唱、公仔見面會等；館內還有簡餐、咖啡可以讓隨行的家長放鬆一下。

Info

- $ 票價請見（圖2）
- 平日10：00～20：00，週一提前至18：00結束營業
- (02)8258-1182
- 新北市板橋區文化路二段182巷3弄79號B1
- 臺65線板橋交流道約5分鐘（周邊備有付費停車場）
- 兒童遊樂設施、哺乳室、寶寶餐點，大人入館須著襪

套票優惠　會員套票(10張)　$2580

入會費100元	1歲-6歲兒童票(通行3小時)		家長票(含抵用卷)	
	會員	非會員	會員	非會員
週一至週五	$300/位	$400/位	$250/位	$400/位
週六、週日 國定假日	$350/位	$450/位	$250/位	$450/位

▲會員專屬優惠：1歲以下幼兒(含當月1歲)只需入會費$100即可免費入園遊玩3小時，隨行家長須負擔門票費用
▲環遊世界延長：兒童每小時100元/家長免收費用
▲家長門票：含100元餐飲抵用卷及50元玩具抵用卷(限當日使用)
▲如遇國定假日則以假日收費計算
▲購買套票須具備會員資格

1 球池區　3 溜滑梯　4 旋轉飛機　5 日式體驗區　6 撈魚區　7 賽車道

③ 板橋區 新北市歡樂耶誕城

市民廣場於每年年底舉辦的耶誕城，已成為新北市年底最具觀光潛力的熱門景點。廣場有多種兒童遊樂設施讓小朋友免費遊玩，周邊有許多藝術裝置，讓遊客們拍照。夜晚點燈後，更具浪漫氣氛！

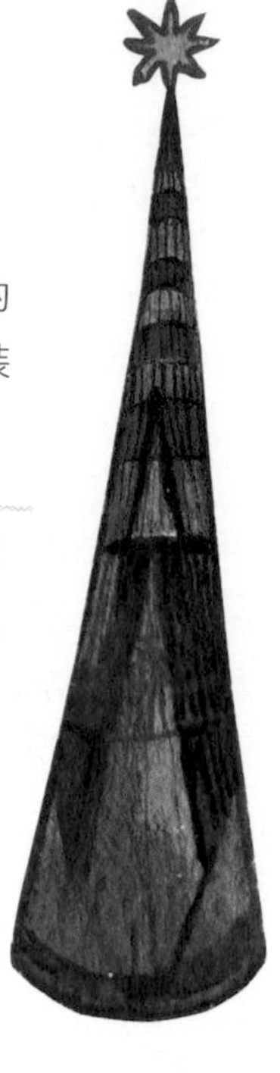

藝術裝置

Info
- 新北市板橋區中山路一段161號
- 搭乘火車至板橋站步行約1分鐘即可到達
- 兒童遊樂設施

④ 板橋區 溪北生態公園

最特別的是貝殼磨石子溜滑梯，緩度剛剛好，連幼童都可以輕易上手！還有一條石子步道，小朋友最愛在這邊撿石子。公園主要以中式庭院的造景為主，很適合拍照。

Info
- 新北市板橋區篤行路二段133號
- 搭乘火車至樹林站步行約10分鐘即可到達
- 兒童遊樂設施

貝殼磨石子溜滑梯

5 瑞芳區 猴硐貓村

瑞芳小鎮在礦業沒落後沉寂許久，而後因一位網友愛貓行動，讓小鎮恢復了以往的熱鬧。貓村位於山村民宅古街內，在此棲息的貓，因長期與觀光遊客近距離接觸，多半已不怕生，周邊有很多因應而生的貓咪小舖、彩繪貓牆。從侯硐火車站下車，穿越由幾何圖形構成的新貓橋即可到達，設計前衛的貓橋是人、貓共用的天橋；火車站的另一頭還有礦業展示館。

來到貓咪的地盤，比較不建議旅客帶狗來訪喔！

貓村內處處可見貓咪相關造景

Info

- 新北市瑞芳區光復里
- 國 1 接臺 62 線快速道路，下瑞芳交流道約 12 分鐘（備有停車場）或搭乘平溪線火車於侯硐火車站下車，步行即可到達

6 五股區 幾分甜幸福城堡

城堡外觀以歐式鄉村風格打造，戶外有可愛的大彩繪牆、漂亮的花園造景。館內 1 樓採自由參觀，有現烤麵包、冰淇淋。走廊設有互動式數位設施，還有一些適合拍照的藝術裝置。後方的城堡餐廳提供平價熱食餐飲。定時有免費導覽，隨工作人員搭電梯到 4 樓，導覽過程中會有問題互動，答對可以兌換贈品喔！假日 DIY 課程依主題規劃不同課程，如幸福城堡蛋糕（材料費 400 元），建議先上官網預約。

Info

- 全年無休 10：30 ～ 18：00
- (02)2290-0808
- 新北市五股區五工六路 24 號
- 國 1 五股交流道約 5 分鐘（假日開放 B1 親子車位場）
- DIY 蛋糕

1 彩繪牆　**2** 雞蛋椅

7 林口區 臺灣山豬城

園區位於林口的山區內，占地相當廣大，主要分成三大區域：動物區、池釣區與中式用餐區。動物區有駝鳥、白水牛、還有主角：黑山豬，餐廳的招牌菜特別推薦，結實不油不膩的山豬肉！吃飽喝足，不妨到園區的森林浴步道健行一下。

1 餐廳前方　2 恐龍雕像

Info

- 全年無休，11：00～21：00
- (02)2606-1117
- 新北市林口區下福村15 號
- 國 1 林口交流道約 15 分鐘（備有停車場）
- 動物農場

8 林口區 吳福洋襪子故事館

創立於日據時代的襪子工廠，是臺灣第一家針織襪子工廠。故事館內不大，右手邊展示現代自動化的機器，左手邊則有工廠歷史沿革。販賣部所占面積倒是比較大一些，販賣各式各樣棉織襪子、衣服、內衣褲、鞋子、雙星毛巾等，商品走向較為高價精緻。

假日提供 DIY 課程，手搖織襪機建議六歲以上的小朋友可以參加，DIY 襪子水果 120 元，建議會使用針線的小朋友參加。

1 可愛公仔　2 琳瑯滿目的展售區

Info

- $ 100 公分以上門票 100 元，可抵消費
- 10：00～17：00，週一、國定假日隔日公休
- (02)2603-5008
- 新北市林口區工二工業區工九路 3 號
- 國 1 林口 A 交流道約 15 分鐘（路邊停車）
- DIY 針織

9 中和區 錦和運動公園

本公園最大的特徵就是很長的隧道溜滑梯，相當適合愛冒險的小朋友！兒童遊戲區還有蜿蜒數百公尺的戲水池。在操場的旁邊有沙坑。運動中心館的 1 樓有兒童遊戲室和各式球類運動，游泳館有兒童池和兒童體能教室。

Info
新北市中和區錦和路 350 號
開車國 1 中和交流道約 5 分鐘（備有付費停車場）
兒童遊樂設施、哺乳室

1

2

1 戲水池　2 隧道溜滑梯

臺北

①北投公園周邊
②北投文物館
③北投親子館
④高家繡球花園
⑤花博園區
⑥大安親子館

北投區
北投公園周邊

公園內有噴泉、溜冰場、典雅的北投圖書館，還有溫泉博物館，這裡是已有百年歷史的北投公共浴場，外觀呈現日式風情，內部的羅馬大浴池，氣派雄偉；拱門廊道旁鑲嵌彩色玻璃，顯出華麗之感！館內還有一塊不小的榻榻米場地，平日開放讓小孩玩耍，假日是禁止進入的。館內定時有臺灣早期電影播放室。北投石目前僅在北投和日本玉川發現，館內也特別設立展區讓民眾觀賞。位於溫泉博物館的正對面有一座北投兒童公園，內有早期的磨石子溜滑梯。往山上再步行 5 分鍾，有泡腳池。凱達格蘭文化館展示臺灣原住民的生活文化。1 樓和 B1 有不少原住民的傳統竹製樂器，適合小朋友敲敲打打。往公園的更深處步行，還有日式風情的梅庭、兒童公園、付費的露天溫泉、地熱谷煙霧裊裊，此處雖有護欄，但還是需防幼童墜落的危險。

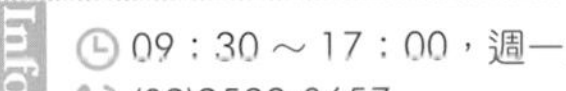

Info
- 09：30～17：00，週一公休
- (02)2598-0657
- 臺北市北投區中山路 2 號
- 搭乘捷運至新北投站下車，步行約 5 分鐘
- 兒童遊樂設施、爬行區、哺乳室（凱達格蘭 6 樓）

1 北投公共浴場的榻榻米　**2** 羅馬大浴池　**3** 遊客們可以進入浴池內體驗　**4** 地熱谷　**5** 兒童公園
6 凱達格蘭文化館的樂器體驗區

2 北投區 北投文物館

園區整體呈現日式風情。1 樓展覽北投相關文物、藝品販售區、懷石料理。2 樓為佳山抓週慶典的會場，相當熱門，建議欲報名的家長，須提前報名，每場 1,988 元。抓週儀式約半小時，並贈送一套寶寶和服！園區不定期提供多元課程，如和菓子 DIY、茶道課程等，詳情可電洽詢問。

Info

- 門票 120 元
- (02)2891-2318
- 全年無休 09：00 ～ 21：00
- 臺北市北投區幽雅路 32 號
- 搭乘捷運至新北投站出口步行 15 分鐘即可到達

1 抓週儀式　2 抓週會贈送一套寶寶和服

3 北投區 北投親子館

親子館為提供 0 ～ 6 歲兒童與家長遊戲的場所，共有兩層樓，有分場次。1 樓為體能運動區，利用不同的攀爬繩網，讓小孩盡情探索。旁邊有動物變裝服飾、平衡感系列。前方的舞台，定時會有帶動唱團康活動。2 樓有許多建構益智玩具、大小積木、木質玩具，還有一整片的玻璃、彩繪牆，提供多種繪圖工具。角落一隅規劃 0 ～ 2 歲專區。後方則有大型親子烘培教室，建議事先預約。

1 歲體能運動區　2 動物變裝服飾

Info

- 09：30 ～ 17：00，週一公休
- (02)2898-3217
- 臺北市北投區光明路 22 號
- 搭乘捷運至北投站下車，步行約 2 分鐘
- 兒童遊樂設施、爬行區、哺乳室，大人入場須著襪

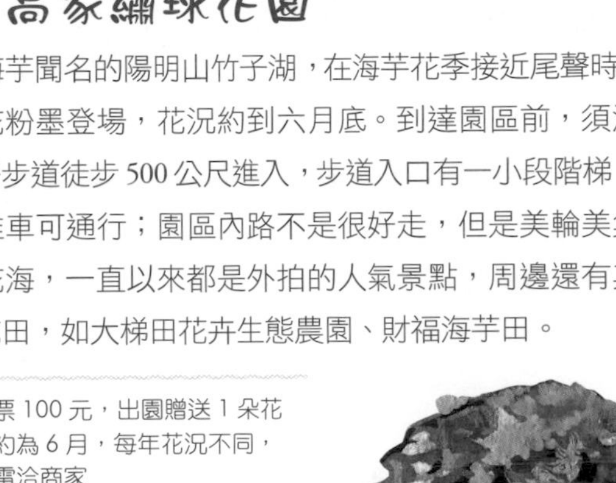

繡球花海

4 北投區 高家繡球花園

以海芋聞名的陽明山竹子湖，在海芋花季接近尾聲時，換繡球花粉墨登場，花況約到六月底。到達園區前，須沿著水車寮步道徒步 500 公尺進入，步道入口有一小段階梯，之後手推車可通行；園區內路不是很好走，但是美輪美奐的繡球花海，一直以來都是外拍的人氣景點，周邊還有其他繡球花田，如大梯田花卉生態農園、財福海芋田。

Info

- 門票 100 元，出園贈送 1 朵花
- 大約為 6 月，每年花況不同，請電洽商家
- 0937-023-190
- 臺北市北投區竹子湖路 17-2 號
- 導航可定位「湖田國小」，假日開放遊客停車

5 中山區 花博園區

花博公園包括圓山公園、美術公園與新生公園，占地非常廣大，廣場假日會有農作物市集、不定期舉辦大型活動，是假日休閒活動的好去處，此外，還有可以就近到中山親子館遊玩唷！

園區一景

Info

- 臺北市中山區玉門街 1 號
- 搭乘捷運至圓山站 1 號出口步行 3 分鐘即可到達

6 大安區 大安親子館

遊樂空間共分三層樓，1 樓有多種大型軟質器材，能讓小朋友盡情的翻滾、攀爬，還有一台大型的滾小球機械，角落一隅設置了生態觀察箱，有樹蛙、烏龜等。到了 2 樓就會看到陽台外擺放著顯眼的恐龍模型，此層樓設置了 0 ～ 2 歲專區的娃娃屋、拼圖、超多工具的美術區，從夢幻的海底隧道通過後，是哺乳室和廁所。3 樓有音樂區（烏克麗麗、鋼琴、豎琴、鍋碗瓢盆敲打區）、光影沙畫、LED 光牆，還有玩水區（冬天則為動力沙）。

從親子館步行約 2 分鐘，有一間「故事島」（地址：大安區延吉街 253 號，電話：(02)2755-0566），館內針對 0 ～ 8 歲兒童，設計活潑生動的故事互動、幼兒美術、生日派對。還有販售兒童書刊、玩具，前廳提供一些軟式積木供小朋友遊樂。

Info

- 09：30 ～ 17：00，週一公休
  入館場次：
  平日：第一場 09：30 ～ 12：00
  　　　第二場 14：00 ～ 17：00
  假日：第一場 09：30 ～ 11：00
  　　　第二場 13：00 ～ 14：30
  　　　第三場 15：30 ～ 17：00
- (02)2325-4399
- 臺北市大安區延吉街 246 巷 10 號
- 搭乘捷運至信義安和站 5 號出口，步行約 6 分鐘
- 兒童遊樂設施、爬行區、DIY 美術、哺乳室，大人須著襪

1 鏡面山洞　**2** 海底隧道　**3** 各種操作工具
4 樂器區　**5** LED 光牆操作區

桃園

①老街溪河川教育中心
②康妮莊園
③南僑觀光工廠
④富田花園農場
⑤魔幻豆子
⑥ Passing 品勤
⑦ JUDY 親子夢想館

1 中壢區
老街溪河川教育中心

通過外觀顯眼的時空隧道溜滑梯，即可到達全國第一個以「河川」為主題的教育中心，館內開放時間為 09：00 ～ 17：00，週一公休，戶外遊樂設施則不在此限。教育中心的側邊有一條親水步道（新榮小學後方），步行約 3 分鐘即可抵達新勢公園。公園占地廣大，有大草皮、特色溜滑梯、攀岩場、地景藝術，連廁所都設計得相當新穎！

Info
- (03)422-3786
- 桃園市中壢區中原路 58 號
- 國 3 龍潭交流道約 18 分鐘（路邊收費停車）
- 兒童遊樂設施

1 特色溜滑梯　2 攀岩場　3 地景　4 新勢公園　5 河川教育中心

② 八德區 康妮莊園

康妮莊園有寬廣的草皮可以踢足球、奔跑，還有沙坑讓小朋友玩沙，貼心的是沙坑有遮陰的露臺，露臺除了幫小朋友遮陽之外，還別具巧思地建造特色溜滑梯，多功能的運用。莊園內的餐廳有低消（150 元／人），假日用餐時間人潮較多，建議事先訂位。

1 特色溜滑梯　2 足球

Info

- $ 餐廳低消 150 元
- 全年無休 11：00 ～ 21：30
- (03)371-5989
- 桃園市八德區東勇街 400 巷 165 弄 96 號
- 國 2 大湳交流道約 5 分鐘（備有停車場）
- 兒童遊樂設施

③ 龜山區 南僑觀光工廠

南僑水晶肥皂，是臺灣人耳熟能響的古早品牌，早期南僑在泰國有設廠，因此園區特別設置了四面佛、泰國文物館。工廠有水晶肥皂 DIY 打印（非製作肥皂唷～是印模 20 元），也可體驗點水樓的冠軍小籠包 DIY（250 元）、製作 Pizza（300 元）、冰淇淋 DIY（150 元），還有免費的定時導覽，算是相當寓教於樂的觀光工廠，DIY 與導覽完畢，還可以到園區享用多種美食。

水晶肥皂 DIY 打印

Info

- 全年無休 10：00 ～ 22：00 (DIY 到 17：00，假日 DIY 有限時段，平日限團體預約)
- (03)263-0264
- 桃園市龜山鄉龜山工業區興邦路 35 號
- 國 2 大湳交流道約 10 分鐘（備有停車場）
- DIY 肥皂打印

4 大溪區 富田花園農場

園區有相當多藝術造景，非常適合拍照，例如風車、花田、馬車、鐘樓。動物們隨意地在園區走動，有草泥馬、迷你馬、迷你豬等。還有投幣式小火車、沙坑（需自備挖沙工具）。另外園區還有專門提供場地拍婚紗，價錢另計。

Info

- 門票 120 元，國小以下 100 元，50 元可折抵 DIY，停車費汽車 50 元
- 09：00～18：00，週一餐廳公休
- (03)387-2540
- 桃園市大溪區福安里埤尾 20-1 號
- 國 3 大溪交流道約 18 分鐘（備有收費停車場）
- 兒童遊樂設施、動物農場

1 園區相當適合拍照　2 草泥馬旁邊是小火車鐵橋　3 教堂　4 馬車　5 園區一景　6 鋼琴

5 大溪區 魔幻豆子

大溪以大溪豆干、花生糖聞名，販賣區的商品結合趣味公仔設計，非常適合當伴手禮，並提供多樣食品試吃。DIY 須預約，可體驗花生酥糖、香菓製作，180 元起。魚池旁的廣場上有投幣式機械車。園區也以數個小鐵櫃，介紹各種豆類、堅果的相關知識，相當富有教育意義。

Info

- 全年無休 09：00 ～ 18：00
- (03)387-0489
- 桃園市大溪區復興路一段 900 號
- 國 3 大溪交流道約 15 分鐘（備有停車場）
- DIY 製糖功夫學

1 知識小學堂　**2** 趣味公仔

6 楊梅區 Passing 品勤

位於鐵道旁的園區，特別設計了火車觀景台；園區的戶外也特別設計了木頭小火車。室內餐廳有一區鋪上地墊的兒童遊戲空間，餐廳主打歐式料理，牆上還有充滿歐式風情的手繪街景，飲品有近年很流行的漸層、星系飲料唷！

Info

- 餐廳低消 70 元
- 全年無休 11：00 ～ 21：00
- (03)475-8627
- 桃園市楊梅區楊新路一段 347 號
- 國 1 楊梅交流道約 5 分鐘（備有停車場）
- 兒童遊樂設施、爬行墊

1 室內手繪牆　**2** 戶外小火車

7 蘆竹區 JUDY 親子夢想館

2016 年桃園最新開幕親子館，坐落在交通非常方便的一高桃園交流道旁邊。遊戲區有多種體能設施、角色扮演小屋、攀岩牆、大型積木、決明子沙坑，戶外更設有兒童賽車跑道！用餐與遊戲區是分開收費，另有獨立主題包廂：樂高城堡、JUDY 農場。餐廳挑高明亮的設計，整體感覺相當舒適。假日人潮相當洶湧，建議提早預約。

Info

- $ 餐廳：12 歲以上低消 250 元，85 公分／12 歲低消 200 元。
  遊戲區：6 個月／ 85 公分 188 元，85 公分／12 歲 388 元
  賽車場：50 元／ 5 分鐘
- 全年無休，午餐 11：00 ～ 14：00 ；午茶 14：30 ～ 17：30 ；晚餐 18：00 ～ 21：00
  賽車區開放時間 12：00 ～ 14：00 ；15：00 ～ 17：00；晚餐 18：00 ～ 20：00
- (03)317-7272
- 桃園市蘆竹區中正北路 137 號
- 國 1 桃園交流道約 5 分鐘，位於中正橋邊，桃園往南崁的方向，記得走橋下迴轉道，千萬別上橋（備有停車場）
- 兒童遊樂設施、爬行墊、哺乳室

1 溜滑梯球池　2 攀岩設備　3 彈跳床　4 各式兒童座騎　5 球池瀑布　6 體能設施

新竹

竹北市
新竹市
新埔鎮
關西鎮
竹東鎮
寶山鄉
峨嵋鄉
北埔鄉
橫山鄉
尖石鄉

①寶兒咪兔親子樂園
②消防博物館
③青青草原
④薪石窯柴燒窯烤麵包
⑤中央公園
⑥陽光國小
⑦日藥本舖博物館
⑧綠芳園咖啡庭園餐廳
⑨ La Play 樂玩 親子空間 X 輕食
⑩ Go Bear 溝貝親子休閒農莊
⑪菓風麥芽工房
⑫西瓜莊園
⑬內灣愛情故事館
⑭小牛仔休閒農場
⑮ 6 號花園
⑯峨眉野山田工坊周邊
⑰沙湖壢藝術村
⑱馬武督探索森林
⑲巨埔休閒生態農場
⑳黛安花園

1 新竹市北區
寶兒咪兔親子樂園

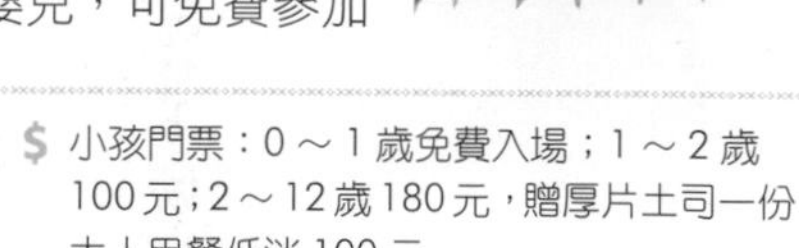

館內有冰涼的水床、LED 小溜滑梯、嘟嘟車、水管隧道等。全區地板皆鋪上軟墊，牆壁也有防護措施，很適合正在爬行的嬰兒。餐點以輕食為主，套餐 230 元起。提供兒童繪本，假日有說故事時間。本棟大樓為寶兒產後護理之家所有，在此入住過的小嬰兒，可免費參加抓週儀式，若無，繳交 200 元報名費即可，附贈一張全家福和嬰兒學步鞋。另外，也提供托嬰服務（0～3 歲）、才藝課程，入場須著襪。

Info

- 小孩門票：0～1 歲免費入場；1～2 歲 100元；2～12歲 180 元，贈厚片土司一份；大人用餐低消 100 元
- 全年無休 10：00～18：00，週五、假日延長至 20：30
- (03)523-0909
- 新竹市北區水田街一號 4 樓
- 國 1 新竹交流道約 10 分鐘（備有停車場）
- 兒童遊樂設施、爬行區、哺乳室、兒童餐點

1 多種角色扮演小屋　2 LED 溜滑梯和水床　3 椰林旋轉球　4 氣球　5 園區一景　6 木質溜滑梯

2 新竹市北區
消防博物館

館內除了展現消防局的歷史文物外，更提供防火相關的教育行程。有消防員訓練用的滑桿，小朋友們可以試著攀爬。旁邊特意塑造一小段的黑暗逃生小洞，讓小朋友體驗火災逃生的情景。強烈建議團體預約，會有非常豐富的導覽套餐：操作滅火設備、CPR 教學、緩降梯操作，相當寓教於樂。

1 消防員訓練用的滑桿　**2** 館內一景

Info
- 09：00～17：00，中午休息一小時，週六延長至 21：00，週一公休
- (03)522-2050
- 新竹市北區中山路 4 號
- 國 1 新竹交流道約 10 分鐘（路邊停車）

3 新竹市香山區
青青草原

十九公頃的青青草原，於 2016 年新增溜滑梯，成為新竹最長的磨石子溜滑梯，除了適合幼童的短小版溜滑梯，還有限制 140 公分以上才能玩的刺激版溜滑梯。相當適合消耗小朋友的體力。在溜滑梯旁則是大草原，環山步道走完需 2 至 3 小時。

Info
- 全年無休 08：00～18：00
- 新竹市香山區草原路
- 國 3 茄苳交流道約 15 分鐘（路邊停車）
- 兒童遊樂設施

超長溜滑梯

4 新竹市東區
薪石窯柴燒窯烤麵包

由於麵包都是經過慢慢發酵，並且以柴火烘培，每日新鮮現烤！最受小朋友喜愛的當然是 Pizza DIY，從製做到窯燒完大約半小時而已，連幼童都可以輕易上手，一份 150 元，建議散客假日下午 2 點過後，可以直接到園區 DIY。

在戶外的露天雅座旁還有一區隱藏版的沙坑可以玩唷！

Info

- 11：00 ～ 18：00 每週一、二公休和每個月的第二個星期日公休
- (03)572-0073
- 新竹市東區水利路 46 巷 67-3 號
- 國 1 新竹交流道約 3 分鐘（備有停車場）
- DIY Pizza

1 建築外觀　2 DIY Pizza

5 新竹市東區
中央公園

公園於 2016 年重新整頓後，成為新竹市熱門公共場所。公園保留舊有的磨石子溜滑梯，並增設新式遊樂設施，以取代常見的制式溜滑梯，還有沙坑、盤狀盪鞦韆、親子洗手台。

1 盤狀盪鞦韆
2 旋轉器材

Info

- 新竹市東區東大路一段和中央路的交叉口
- 國 1 新竹交流道約 2 分鐘（路邊付費停車）
- 兒童遊樂設施

新竹市東區 陽光國小

坐落在市區的國小，卻是相當有農村風格的特色學校。在傳統的三合院旁，小朋友可以體驗踩水車，旁邊有個沙坑。還有簡易攀樹設施、生態池旁有獨木橋、最富盛名的就是彩色雙層樓溜滑梯，非常夢幻，坡度不會太陡，小幼童也可以輕易上手！扎實的磨石子溜滑梯，阻力相當大，建議攜帶厚紙板，溜起來才會順暢唷！

Info

- 僅假日開放 09：00 ～ 17：00
- (03)562-9600
- 新竹市東區明湖路 200 號（由後門進入）
- 國 1 新竹交流道約 10 分鐘（路邊停車）

1 傳統瓦厝　**2** 2 層樓高的磨石子溜滑梯

7 新竹市東區
日藥本舖博物館

日藥本舖在臺灣有多家分店，其中臺北、宜蘭、臺中皆有博物館可參觀，最新開幕的就坐落在新竹火車站前的分店，3 樓是仿昭和時期的懷舊日式風，B1 還有兒童球池。要特別注意的是各分店的博物館皆有不同的入場時間，與店面的營業時間不同。

Info
- 全年無休 09：30 ～ 22：00
- 新竹市東區信義街 68 號
- 新竹火車站前徒步約 5 分鐘
- 兒童遊樂設施

館內一景

8 新竹市香山區
綠芳園咖啡庭園餐廳

餐廳採用大量的玻璃，館內乾淨而明亮；後方有乾淨舒適的大草皮，還有沙坑、餵魚區、投幣式小火車，一趟 50 元。相關連鎖企業還有新竹的「心鮮森林」，可以參閱《小腳丫遊臺灣》P62。

Info
- 120 公分以上門票 150 元，可折抵消費
- 全年無休 11：00 ～ 22：00
- (03)547-8645
- 新竹市香山區景觀大道 201 號
- 國 3 茄冬交流道約 5 分鐘（備有停車場）
- 兒童遊樂設施

1 小火車　**2** 沙坑和大草皮

9 竹北市 La Play 樂玩 親子空間X輕食

館內的遊戲空間主要是提供學齡前的兒童使用，若家庭中有125 公分以上的小朋友，也可另外買陪玩票入場，館內有多種木質玩具、決明子沙池、球池、賽車道、數種小朋友喜愛的角色扮演角落、寶寶專屬區。每天皆會清潔消毒，這裡讓您不只玩得開心，吃的更是安心。餐點有排餐、義大利麵、燉飯等，兒童餐點是不含任何炸物、果汁也是 100%呈現。

Info

- $ 消費方式請見（圖 3）
- 禮拜一 11：00 ～ 18：00（最後進場為 16：20）禮拜二～五 11：00 ～ 21：00（最後進場為 19：20）禮拜六～日 10：00 ～ 21：00（最後進場為19：20），每月公休日不定，請見官網公告。
- (03)550-5340
- 新竹縣竹北市文興路一段 308 號 2 樓
- 國 1 竹北交流道約 8 分鐘（周邊備有收費停車場）
- 兒童遊樂設施、哺乳室、爬行墊、寶寶餐點

3

1

4

2

5

1 球池　2 賽車道　4 角色扮演角落　5 動手操作區

10 竹北市 Go Bear 溝貝親子休閒農莊

Go Bear 的前身是釣蝦場，因此農莊保留舊有的設施，改造成小朋友也可以輕易上手的釣魚、釣蝦場；並添加適合小朋友的遊樂設施如撈金魚、摸蜆、滑草場、餵兔子、沙坑。在這裡小朋友們會玩到不想回家，大人們也可以盡情享受揮竿的樂趣！另外園區的餐點也不容小覷，特別推薦魚類的料理，相當新鮮美味唷（套餐 220 元起）！

1 滑草場　2 釣魚

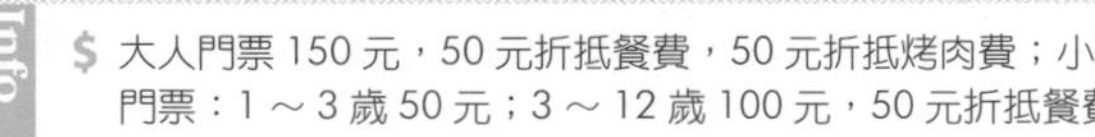

Info

- $ 大人門票 150 元，50 元折抵餐費，50 元折抵烤肉費；小孩門票：1 ～ 3 歲 50 元；3 ～ 12 歲 100 元，50 元折抵餐費
- 09：00 ～ 17：00，假日延長一小時，週一公休
- 0981-643468
- 新竹縣竹北市聯興三街 451 巷 51 號
- 國 1 竹北交流道約 7 分鐘（備有停車場）
- 兒童遊樂設施、動物農場

11 竹東鎮 菓風麥芽工房

1 外觀　2 展售區

繼雲林斗六巧克力工房後，菓風小舖最新力作誕生於竹東的五指山區，依山而建的園區，還有特別的纜車送餐服務（假日限定）！園區風格承襲菓風小舖一直以來的清新風格，戶外有休閒雅座，室內販售琳瑯滿目的糖菓。還有 DIY 巧克力的活動（300 元／人，10 人開課），除了巧克力，連模型也可以帶回家喔；另外園區還有住宿區，如有規劃兩天一夜的行程，可以參考看看喔！

Info

- 10：00 ～ 18：00，週三公休
- (03)621-3998
- 新竹縣竹東鎮瑞峰里四鄰 96 號
- 竹 122 縣道 30.1 公里處，右轉上五指山，2.8 公里處的岔路，靠左行駛，並沿著路標 800 公尺即可到達（備有停車場）
- DIY 巧克力

12 北埔鄉 西瓜莊園

莊園內處處皆以非常可愛的西瓜造景去布置，有數座適合小朋友高度的特製木屋，小朋友可以在裡面玩扮家家酒，戶外有沙坑、小火車、球小屋。在餐廳樓上別有洞天，有動力沙（需額外付費）、大型彈珠檯、山洞繪圖區。餐廳套餐 350 元起，還有販售可愛西瓜大小抱枕、杯子、茶壺。園區整體設計非常溫馨、可愛，充滿特色，特別適合愛拍照的旅客！園區還有 DIY Pizza 的活動。

Info

- $ 100 公分以上門票 150 元，平日可全額抵消費，假日 100 元可抵消費
- 10：00 ～ 16：00，假日延長至 16：45，週一、二公休
- (03)580-2000
- 新竹縣北埔鄉水磜村 32-10 號
- 臺 68 縣快速道路出口後約 20 分鐘（備有停車場）
- 兒童遊樂設施、DIY Pizza

1 西瓜搖馬　2 2 樓還有很多好玩的遊樂設施　3 西瓜街道
4 西瓜牆　5 西瓜造景　6 西瓜公車

13 橫山鄉 內灣愛情故事館

館內以「愛情」為主題，設計許多藝術造景，適合愛拍照的朋友們，造景每三個月更新一次，讓遊客們每次來都有不同的驚喜！故事館還會贈送一張全家福照，如果喜歡，可再額外加價購買相片。館內下方會有內灣彩繪火車經過，旁邊的油羅溪可戲水，還有一座優美的吊橋緊鄰在園區側邊。

Info
- 門票 150 元，100 元可抵消費（館內提供餐飲）
- 全年無休 09：00 ～ 21：00
- (03)584-9103
- 新竹縣橫山鄉力行村中山街一段 336-8 號
- 臺 68 縣快速道路出口後約 20 分鐘（備有停車場）

LOVE

1 園區一景　2 藝術造景　3 黑板　4 鋼琴　5 園區特色標誌　6 西瓜造景

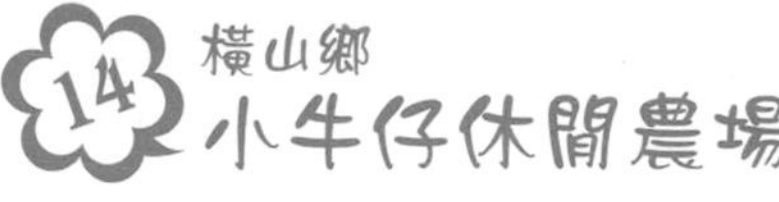

14 橫山鄉 小牛仔休閒農場

有超大的活泉水戲水池（水較冰涼），所以完全不會有漂白水的味道，深度約到大人的小腿肚而已，相當適合小朋友。另外付費項目有手划船、小火車、騎馬。整個園區以牛仔鄉村風打造，包括可愛動物區的家、BBQ 的空間、咖啡甜點屋。烤肉區租借一爐 300 元，可自行攜帶食材，若向園區訂餐，則免收爐費，假日經常一位難求，建議事先預約。

1 活泉水戲水池　2 牛仔鄉村風

Info

- $ 100 公分以上門票 100 元
- 08：30 ～ 17：30，假日延長至 20：00，週一公休
- (03)593-1202
- 新竹縣橫山鄉中豐路 1 段 450 號
- 臺 68 縣快速道路出口後約 15 分鐘（備有停車場）
- 兒童遊樂設施、動物農場、哺乳室

15 尖石鄉 6 號花園

開車經過熱鬧的內灣老街後，還需 20 分鐘的車程才能到此處，上山的路不太好走，很多地方只能單向會車，但是這邊可是超級熱門的露營地區。很難想像在如此深山中有一座獨特的餐廳，在餐廳一隅還有一間讀書室。

Info

- $ 門票 100 元，可抵消費
- 全年無休，10：00 ～ 18：00
- 0932-178177
- 新竹縣尖石鄉新樂村拉號部落
- 臺 68 縣快速道路出口後約 50 分鐘（備有停車場）

1 園內花木扶疏　2 讀書室

16 峨嵋鄉
峨眉野山田工坊周邊

園區將已經廢棄的天主教堂重新利用，變成在地相當知名的柴燒麵包窯，旁邊有特色磨石子溜滑梯、稻草屋，可以散步欣賞藝術家設計的樹屋，再繼續步行約 2 分鐘可到峨眉國小參觀一下，那是間小而美的山區小學，有許多體能器材。

Info
- 全年無休 08：00 ～ 17：00，
- (03)580-9115
- 新竹縣峨眉鄉峨眉村 2 鄰 1-2 號
- 國 1 頭份交流道約 15 分鐘（備有停車場）

1 樹屋　2 峨眉國小的特色溜滑梯

17 寶山鄉
沙湖壢藝術村

倚靠著寶山水庫的藝術村，擁有優美的湖光山色美景；樸素的磚瓦平房，已有 70 年的歷史，如今改建成特色咖啡廳，不時還有舉辦藝文展示。從園區步行 5 分鐘即可到達寶山吊橋。兒童遊戲室僅假日開放，限定 110 公分以下小朋友進入。假日僅開放預約者入園。

1 湖畔　2 兒童遊戲室外觀

Info
- $ 130 公分以上低消 150 元，兒童遊戲室 100 元／一大一小
- 10：00 ～ 18：00，週一公休
- (03)576-0180
- 新竹縣寶山鄉山湖村山湖路 63 號
- 國 1 新竹交流道約 15 分鐘（備有停車場）
- 兒童遊樂設施

18 關西鎮
馬武督探索森林

沿路會先經過統一渡假村，園區位於馬武督部落，有劍龍砂堡溜滑梯；其中最有名的就是「綠光小學堂」，有不少偶像劇在這邊取景，因而聲名大噪。體力較好的小朋友，可以沿著步道走在廣大的人造柳杉林中，園區較深處有彩虹瀑布和兩棵國寶級的「楊梅樹」。園區另有森林烤肉、泡茶區。

Info

- $ 6 歲以上門票 120 元
- 全年無休 08：30 ～ 17：30
- (03)547-8645
- 新竹縣關西鎮錦山里 12 鄰 138-3 號
- 國 3 關西交流道約 20 分鐘（備有付費停車場）
- 兒童遊樂設施

1 劍龍溜滑梯　**2** 綠光小學

19 新埔鎮 巨埔休閒生態農場

巨埔休閒生態農場是真正在種植有機蔬菜的園區，退休的吳校長，特別設計彩繪涵管，為農場增色不少！團體可以預約半日遊，可以採有機蔬菜、DIY 客家湯圓，還有豐富的適合小朋友的生態導覽，像是以月桃葉片折成箭筒，孟仁草為箭！餐廳主打客家料理。春天農場旁的風鈴木盛開，也是當地著名的美景之一。

1 五顏六色的涵管　2 木棧道

Info

- 09：00 ～ 17：00，週三公休
- (03)589-9621
- 新竹縣新埔鎮新龍路 752 巷 2 號
- 國 1 林口交流道約 15 分鐘（備有停車場）
- DIY 客家湯圓

20 新埔鎮 黛安莊園

莊園充滿異國風情，布置相當用心，園區下方還有個生態池塘；另外特別推薦喜愛多肉植物的朋友，可以來這裡拍拍照、享用悠閒的下午茶，餐廳有各式飲品、輕食，餐點採無菜單料理，嚴選當令在地食材，每份 900 元，共有 12 道。莊園還有經營特色民宿。

Info

- 低消 100 元／人
- 10：00 ～ 20：00，週二、三公休
- (03)588-8989
- 新竹縣新埔鎮關埔路雲東段 1102 巷 1 弄 9 號
- 國 1 竹北交流道約 15 分鐘（備有停車場）

1 園區一景　2 2 樓為民宿

苗栗

①崎頂新樂園
②天仁茶文化館
③豁鬚梅園
④尚順育樂世界
⑤棒棒糖異想世界
⑥半天寮好望角
⑦客家圓樓
⑧臺灣水牛城
⑨山那邊・綠葉方舟
⑩集元裕糕餅鄉童玩村
⑪卓也小屋
⑫漫步雲端森林廚房
⑬松原農庄
⑭雅聞七里香玫瑰森林
⑮幸福農場
⑯飛牛牧場
⑰巧克力雲莊
⑱華陶窯

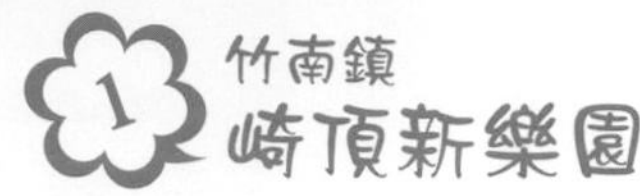

竹南鎮 崎頂新樂園

原為崎頂海水浴場的崎頂新樂園，後經萬象藝術打造成竹南的知名景點。萬象藝術深耕臺灣的演藝表演數十年，每年特別引進世界各國最優秀的表演團隊，內容絕對是國際級水準的演出（每場 30 人以上即開演）。園區還有可愛動物區、農產品中心、住宿、露營、烤肉區，也可直接通往海邊。

夏天開放兒童室內戲水池。漆彈場每人 100 元（30 顆）。

Info

- 門票 380 元，80 元可抵消費；3 ～ 12 歲 350 元，80 元可抵消費
- 全年無休，09：00 ～ 17：00
- (037)472-887
- 苗栗縣竹南鎮崎頂里北戶 39 號
- 臺 61 縣快速道路苗 2 鄉道出口後約 2 分鐘（備有停車場）
- 兒童遊樂設施、動物農場、哺乳室

1 大草原　**2** 入口處　**3** 小火車　**4** 動物農場　**5** 與觀眾互動的表演　**6** 神射手表演

2 竹南鎮 天仁茶文化館

在臺灣耳熟能詳的天仁茗茶，為推廣臺灣在地珍貴的茶種，而打造的茶文化館，透過嗅覺、視覺、觸覺等感官，讓民眾對茶能更深入地瞭解。館內的茶葉時光隧道，利用精巧的袖珍模型，演示中國古代的製茶歷史；臺灣茶館，有大型的臺灣立體模型地圖，介紹臺灣各地區的好茶。可預約 DIY 活動，有創意茶染、揉茶體驗。戶外有天壺、大型的農家鐵牛、中國式的涼亭。

1 名副其實的天壺　2 袖珍模型

Info
- 09：00 ～ 18：00，週一公休
- (037)696-718
- 苗栗縣竹南鎮中華路 422 號
- 國 3 香山交流道約 5 分鐘（備有停車場）
- DIY 茶藝

3 南庄鄉 鬍鬚梅園

入口處的大型佛教雕像

蓄著大鬍子的老闆，因酷愛梅花，在南庄山林裏頭種植了數十種梅花，有食梅、野梅、紅梅、杏梅、垂梅等，有的種植於精巧的盆栽，還有蔚為成林的梅園，在農曆春節前後，百花爭放，走在枕木步道上，可聞到淡雅的梅香，賞梅前會經過櫻花林道。欲前往的遊客，最好先致電確認開花期，以免撲空。室內館展示了老闆珍藏的琴棋書畫品。夏天這裡也是熱門的賞桐聖地，入夜還能與螢火蟲共舞。

Info
- 門票 100 元，贈醃梅、一壺梅花茶
- 全年無休 08：30 ～ 17：30
- (037)821-288
- 苗栗縣南庄鄉東村東江 29-3 號
- 國 1 頭份交流道約 30 分鐘（路邊停車）

4 頭份市 尚順育樂世界

2016 年盛大開幕的大型遊樂園區坐落於頭份市中心，這裡是臺灣唯一上萬坪全室內以 5D 體感為主題的遊樂園，嚴寒酷暑、刮風下雨都不怕！遊樂區採開放式入場，共計 6 層樓，遊客們可依自己的喜好，選擇要玩樂的項目，或是購買套票更優惠，各個遊樂設施都可以使用悠遊卡付費，且有不同的身高限制。

1 樓旋轉木馬 90 公分需由家長陪同，其他層樓大部分的遊樂設施至少須 100 公分以上的小朋友才能入場。園區的強項是各種體感遊樂設施，像是 3 樓魔法學校，透過體感設施，彷彿真有魔法般！6 樓「進擊的巨人」5D 體驗，除了逼真的戰鬥畫面，還配合不同的香氣，讓感官充滿了刺激，且設施內還有獨家販售的周邊商品。攀岩走壁動能特區有球池射擊場，和全臺占地最廣的攀爬設施，特別適合愛冒險的小朋友。另也可至大型購物商城走走逛逛，這邊絕對是可以好好待上一天的綜合育樂世界！

Info

- 全票 899 元，每項設施皆可體驗乙次，不含進擊的巨人
- 全年無休，週日至週四 10：00～21：00，週五至週六 10：00～21：30
- (037)539-999
- 苗栗縣頭份市中央路 105 號
- 國 1 頭份交流道約 5 分鐘（備有付費停車場，消費折抵方式請洽服務台）

1 攀岩走壁動能特區 **2** 1 樓旋轉木馬
3 水柱會因手勢高低而有不同變化
4 3 樓魔法學校入口 **5** 魔法商店街景
6 進擊的巨人合影處 **7** 大型球池與溜滑梯

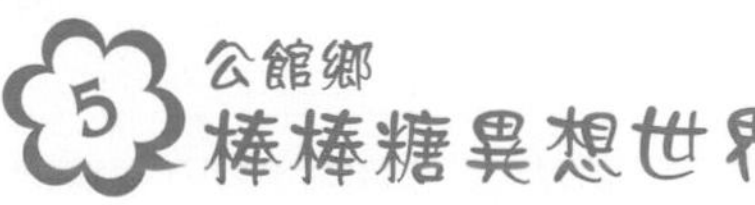

5 公館鄉 棒棒糖異想世界

店內主打各種 DIY 活動，像是彩繪鞋、杯子蛋糕、巧克力傳情等（需事先預約）。若不打算 DIY 的遊客們，也可以直接買成品！旁邊還有五穀文化村可以順遊喔（詳見《小腳丫遊臺灣》P82）。

Info
- 09：00 ～ 17：30，公休日不定
- 0932-600644
- 苗栗縣公館鄉玉谷村玉谷 115-1 號（緊鄰五穀文化村）
- 國 1 公館交流道約 1 分鐘（備有停車場）
- 創意 DIY

6 後龍鎮 半天寮好望角

後龍鎮風力強勁，擁有的風車密度稱霸全臺。好望角為至高點，可以一覽海邊壯觀的風車景象，配合落日成為相當優美的景色，在觀景台旁有鄰近的巨大風車，沿著步道往下休閒踏青，沿途可見看退役的軍事碉堡，假日都會有攤販聚集非常熱鬧。另外，在前往好望角的路上會經過西濱公路「赤土」交流道，運氣好的話，在假日下午（約 3 ～ 5 點），可以看到附近的農家在斜坡上牧羊，許多家長特地帶著小孩前來觀賞放羊吃草。

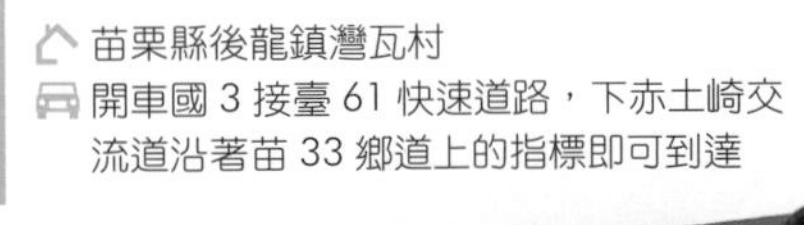
Info
- 苗栗縣後龍鎮灣瓦村
- 開車國 3 接臺 61 快速道路，下赤土崎交流道沿著苗 33 鄉道上的指標即可到達

1 巨大的風車　**2** 牧羊

7 後龍鎮 客家圓樓

以傳統客家土樓為模型建構的客家圓樓，於 2014 年盛大開幕。中央舞台有歌舞表演；3 樓有 DIY 活動，每樣 50 元，如吸管毛毛蟲、草頭寶寶、摺紙；還有販賣平價客家小吃；晚上點燈後，配上水舞秀，更顯得炫麗非凡。

客家圓樓周邊有簡易的親水步道、池塘；距離客家圓樓不到 5 分鐘的車程，還有個相當有特色的公園「高鐵特定區公園」位於高鐵橋下，有攀岩場、磨石子溜滑梯、相當少見的旋轉遊樂器材。

Info

- 門票 30 元
- 08：30 ~ 17：30，週一公休
- (037)732-940
- 苗栗縣後龍鎮校椅里 7 鄰新港三路 295 號
- 國 3 大山交流道約 5 分鐘（備有停車場）

1 客家圓樓外觀　2 館內樣貌　3 攀岩場　4 旋轉遊樂器材

8 後龍鎮 臺灣水牛城

依山坡而建的特色溜滑梯

水牛，曾是臺灣早期農業時期重要的大功臣，但隨著時光流逝，水牛已逐漸被人們淡忘。老闆為了讓更多人可以了解水牛的故事，堅持不收費鼓勵大家入園參觀。園區占地非常廣大，除了水牛外，還有山豬、馬、綿羊、鴕鳥等，並在柵欄外貼上動物相關的俚語，相當寓教於樂；此外，還有一座依山坡而建的特色溜滑梯。餐廳提供道地的中式料理，另有烤肉區吃到飽，大人 250 元，幼稚園到國小的孩童 150 元／人。民宿區有兩間全用竹子打造的住屋，充滿濃濃的南洋風情喔！

Info
- 全年無休，08：00 ～ 21：00
- (037)732-097
- 苗栗縣後龍鎮龍坑里 17 鄰十班坑 181-11 號
- 國 3 苑裡交流道約 3 分鐘（備有停車場）
- 動物農場

9 三義鄉 山那邊・綠葉方舟

園區有 10 公頃之大，而建築僅占其中的九十坪而已，可見其對環境的用心程度！餐廳供應精緻餐飲，咖啡飲品 200 元起；下午茶披薩、點心 120 元起；套餐 480 元起。

1 餐廳外觀　2 園區草皮相當乾淨整潔

Info
- 門票 100 元，可抵消費
- 10：00 ～ 20：00，假日提早一小時營業
- (037)875-868
- 苗栗縣三義鄉勝興村 12 鄰綠舟路 1 號
- 國 1 三義交流道約 10 分鐘，備有停車場

10 三義鄉 集元裕糕餅鄉童玩村

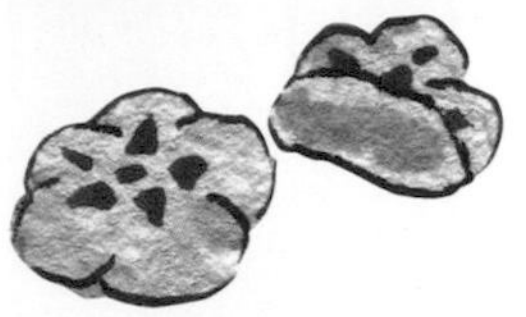

館內有多種 DIY 糕餅可製作：綠豆糕、鳳梨酥、太陽餅等，1 份 150 元。中國婚禮物不可或缺的喜餅，相傳源自於三國時期，因此館內還特別規劃「孔明糕餅主題館」。

1 糕餅 DIY 成品　2 館內珍藏不少古董

Info

- 全年無休 09：00 ～ 18：00
- (037)878-991
- 苗栗縣三義鄉西湖村伯公坑 178 號
- 國 1 三義交流道約 3 分鐘（備有停車場）
- DIY 糕餅

11 三義鄉 卓也小屋

園區風格主要以中式客家建築風情呈現，有大紅燈籠高高掛，有江南庭院，園內花木扶疏，尤其以初夏的五月雪更為人樂道。餐廳是採吃到飽 499 元／人，主打蔬食養生火鍋，相當熱門，建議提早預約。 DIY 有藍染體驗活動。民宿是由舊式的農舍改造而成，別有一番風情。

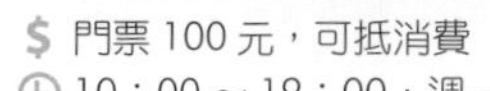

Info

- $ 門票 100 元，可抵消費
- 10：00 ～ 19：00，週一公休
- (037)879-198
- 苗栗縣三義鄉雙潭村 13 鄰崩山下 1-5 號
- 國 1 三義交流道約 20 分鐘（備有停車場）
- DIY 藍染

1 藍染　2 江南庭院風

12 三義鄉 漫步雲端森林廚房

三義雙潭村有不少特色庭園餐廳，其中以「卓也小屋」和「漫步雲端」最負盛名。前者以細膩的工法，打造別緻的江南庭院。後者在合適的氣候，可觀賞到波濤洶湧的雲海，古銅色的城堡如童話故事般，彷彿是隱身在森林中皇宮貴族的祕密住所。此處也是許多外拍熱門的景點。用餐價位較高，套餐 400 元起，雪天使兒童餐 300 元。

Info
- $ 門票 100 元，可抵消費
- 11：00～19：00，假日 10：00～20：00
- (037)879-085
- 苗栗縣三義鄉雙潭村崩山下 22 號
- 國 1 三義交流道約 20 分鐘（備有停車場）
- 兒童餐點

1 餐廳外牆　2 草皮上的藝術裝置

13 卓蘭鎮 松原農庄

至今已有三任總統到此參訪，難怪果園所產的葡萄號稱「總統級」！農場使用天然酵肥灌溉，以人工除草和放山雞取代除草劑。遊客可以親自採果，產季約寒、暑假期間，唯葡萄產量不一定，建議事先致電商家。農庄還有果樹認養活動，期間為每年的 3 到 11 月間，認養人可體驗果樹之疏果、套袋、施肥等管理作業，當然還有享受最後甜美的果實！也可驅車前往卓蘭大峽谷（約 10 分鐘），感受自然的鬼斧神工。

Info
- 全年無休，中午休息時間 12：00～13：00 勿打擾
- 0921-163-288
- 苗栗縣卓蘭鎮內灣里 19 鄰東盛 14-2 號
- 國 1 三義交流道約 30 分鐘（路邊停車）
- DIY 採葡萄

葡萄園內提供一些吊床供遊客休息

1 歐風小鎮街景牆　2 玫瑰花園

14 頭屋鄉 雅聞七里香玫瑰森林

2016 年盛大開幕的頭屋店，園區有上萬棵玫瑰和千株七里香，整個園區不時聞到陣陣香氣。這邊沿襲了雅聞慣有的浪漫風格，還栽培了各國玫瑰花稀有品種，並將一座山坡規劃成世界玫瑰花園！餐廳內還有一整面的歐風小鎮街景牆，是人氣拍照場所。假日人潮相當洶湧。

Info
- 全年無休，08：30 ～ 17：00
- (037)256-588
- 苗栗縣頭屋鄉明德路 226 號
- 國 1 頭份交流道約 10 分鐘（備有停車場）
- DIY 沐浴球

15 通霄鎮 幸福農場

幸福農場（原 100 號牧場）主打是狗狗親善餐廳，園區有兩塊綠地可以讓狗兒奔跑，但如果家裡的小孩怕狗也是沒關係的，園區空間的規劃相當妥善，有柵欄把狗兒區分在不同空間。整個園區雖然不大，但是充滿濃濃的鄉村風格，相當適合愛拍照取景的朋友！

1 餐廳　2 鄉村風格

Info
- 門票 100 元，可全額抵消費（餐廳內大人、狗要門票及低消，小孩不用）
- 週五至週日 10：00 ～ 18：00
- (037)752-800
- 苗栗縣通霄鎮通灣里 6 鄰 58 號
- 國 3 通霄交流道約 15 分鐘（備有停車場）

16 通霄鎮 飛牛牧場

服務中心可借嬰兒手推車。童玩區有汽車造型的溜滑梯、鄉村小屋、沙坑內有鐵製小型挖土機。園內除了飼養牛隻外，還有多種動物：兔子、各種羊咩咩、家禽，旁有介紹看板，相當富有教育意義。各種動物的家還有一些有趣的小設計，像是遊客可以將飼料放在鐵罐，再利用繩網將鐵罐往上運送，黑山羊必須爬上空中走廊後方可吃到！

不論平、假日，遊客們可以擠ㄋㄟㄋㄟ、餵ㄋㄟㄋㄟ、觀賞鴨子遊行（每日數場）。也可在誠實商店買飼料餵食各種動物。DIY 內容多樣：冰淇淋搖搖樂、牛奶雞蛋糕、彩繪肥牛，費用 80 元起。在園區的後方還有一間蝴蝶生態館，館內有多種大、小型蝴蝶，相當夢幻。戶外有蝴蝶生態步道，每年 6 月有最壯觀蝴蝶飛舞的畫面！逛累了，不妨搭個曳引遊園車、馬車（兩者需額外收費）。園內提供多樣化的餐飲，另外還有住宿、露營、烤肉的服務。

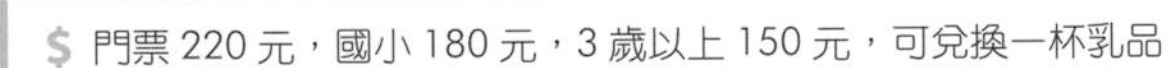

Info

- 門票 220 元，國小 180 元，3 歲以上 150 元，可兌換一杯乳品
- (037)782-999
- 全年無休 07：00 ~ 22：00
- 苗栗縣通霄鎮南和里 166 號
- 國 3 通霄交流道約 10 分鐘（備有收費停車場）
- 兒童遊樂設施、動物農場、DIY 乳製品、哺乳室

4

5

6

7

8

1

2

3

9

1 遊園馬車　2 樂器敲打區　3 騎馬　4 童玩區一景　5 青青大草原　6 鴨子遊行　7 有趣的餵羊裝置　8 蝴蝶生態館　9 草原也可以餵羊

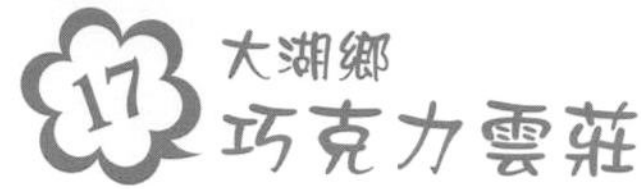

17 大湖鄉 巧克力雲莊

園區共分3大主題區：巧克力故事屋、草莓啤酒館、夢想館。故事屋內詳盡地介紹巧克力樹的種植、原料、加工。草莓啤酒館有獨特的中式及西式料理；夢想館有巧克力DIY，一份220元。園區主打各式創意巧克力、巧克力糕點，並融和本土的特產，高貴卻不貴，打造出臺灣的頂級巧克力產品。戶外有魚池可餵魚，還有乾淨的草皮可以打滾喔！

Info
- $ 身高110公分以上門票200元，可抵消費
- 10：00～19：30，假日提早半小時
- (037)996-916
- 苗栗縣大湖鄉富興村水尾坪49-2號
- 國1頭份交流道約20分鐘（備有停車場）
- 巧克力DIY、哺乳室

1 草莓啤酒館　2 夢想館　3 巧克力故事屋外觀　4 餵魚池　5 巧克力故事屋內部

18 苑裡鎮 華陶窯

園內綠意盎然，從熱帶雨林植物到溫帶花卉，還保有許多臺灣珍貴的原生植物。萃取多國的建築美學：荷蘭的紅磚砌法、日本庭院、中國式的木板門，是座典雅的人文園林。戶外的柴燒陶，每日換上最雅緻的花瓣和蕨葉。有生態池可餵魚。販賣處有提供飲料和冰品。唯園內依山而建，多階梯，不適合手推車。建議上網查詢是否有團購優惠券可購買，套票可體驗三種活動：割稻飯、解說生態植物園、DIY 捏陶。

Info

- 門票 250 元，3 歲以上兒童 120 元
- 09：30 ～ 16：30，週一公休
- (037)743-611
- 苗栗縣苑裡鎮南勢里 2 鄰 31 號
- 國 3 苑裡交流道約 4 分鐘（備有停車場）
- DIY 捏陶

1 熱帶植物　2 作為花器的柴燒陶　3 斷橋　4 吃冰休息區　5 中式造景　6 庭院設計

臺中

①青青湖畔親水花園
②山河戀咖啡（綠野山莊）
③ X 子餐廳
④ Hide & Seek 嘻遊聚親子餐廳
⑤彩虹眷村
⑥稞科咖啡廚房
⑦望高寮
⑧熱浪島南洋蔬食茶堂
⑨大樹先生的家
⑩玩劇島
⑪抱抱廚房
⑫小樂圓 Oden Good 和洋餐食
⑬臺中文學館
⑭I'm Talato 我是塔拉朵
⑮黃金堡親子樂園
⑯太陽堂老店食品
⑰虎姑婆烘培坊
⑱中興大學・綠川輕艇
⑲臺中市港區藝術中心
⑳鰲峰山愛公園
㉑東勢林場遊樂區
㉒京葉休閒馬場（兔樂園）
㉓羅望子生態教育休閒農場園區
㉔森之王子
㉕櫻花鳥花園
㉖沐心泉休閒農場
㉗薰衣草森林
㉘安妮公主花園
㉙新社古堡
㉚星月大地
㉛沙發后花園
㉜慈濟公園
㉝布英熊文化創藝館
㉞忘憂谷
㉟鐵山腳單車運動村
㊱花巷松林
㊲鐵砧山風景區
㊳好好聚落文創園區
㊴大木塊休閒農場
㊵寶熊漁樂館
㊶臺灣氣球博物館
㊷圳前仁愛公園
㊸赤腳丫生態農場
㊹麥根小學堂
㊺坪林森林公園
㊻積木王創意館
㊼文山休閒農場
㊽新烏日高鐵

1 北屯區 青青湖畔親水花園

園區占地有一萬六千坪，依山而建，坡度起伏較大。一進入園區即可看到迷你豬、羊咩咩，沿著步道輕鬆的往下走，沿途有不少藝術裝置可以停下來拍照如巨大「LOVE」字版、風車、荷花池、戲水小溪等。園區內還有露營區、烤肉區，如果肚子餓了，可以到歐風的黃色建築覓食，套餐 280 元起。

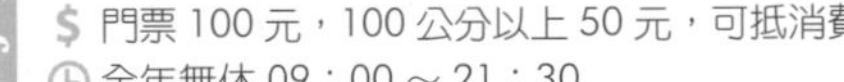

Info

- $ 門票 100 元，100 公分以上 50 元，可抵消費
- 全年無休 09：00 ～ 21：30
- (04)2239-3161
- 臺中市北屯區東山路二段 188 號
- 國 1 接快速道路臺 74 線，下松竹交流道約 15 分鐘（備有停車場）
- 動物農場

1 園區處處是拍照的好地方　2 情侶最愛的合照區　3 荷花池前方　4 戲水小溪　5 藝術造景　6 原木車

北屯區 2 山河戀咖啡（綠野山莊）

大坑、新社號稱臺中的後花園，園區位於臺中市往大坑方向的起始點，靠近交流道，因此擁有非常良好視野的夜景。這裡有許多山訓設施，可以讓精力充沛的小朋友們消耗體能；另外還有付費玩滑草，半小時200元；漆彈（團體可預約）。

Info

- 門票 150 元，可抵消費
- 全年無休 09：00 ～ 01：00
- (04)2239-1114
- 臺中市北屯區東山路一段 459 號
- 開車國 1 接快速道路臺 74 線，下松竹交流道約 1 ～ 5 分鐘，備有停車場
- 兒童遊樂設施

1 非常良好視野　**2-3** 山訓設施　**4** 滑草

西屯區 3 ㄨ子餐廳

臺中熱門的大型親子餐廳，入口處兩隻巨大的蝸牛公仔，吸引遊客等著排隊合照。側邊有沙坑區，館內採挑高設計，讓人視覺上相當舒適。入口處旁有販售有機蔬果。另外有樂高、磁性牆、溜滑梯、沙坑、賽車床等八大主題包廂，建議提早預約。

Info

- 110 公分以上低消 60 元
- 全年無休 08：30 ～ 22：00
- (04)2254-0691
- 臺中市西屯區府會園道 6 號
- 國 1 中港交流道約 10 分鐘（周邊備有付費停車場）
- 兒童遊樂設施、爬行區、哺乳室、兒童餐點

1 餐廳外觀　**2** 販售有機蔬果

4 西屯區
Hide & Seek 嘻遊聚親子餐廳

店名意為躲貓貓，是媽媽們跟寶貝一開始的互動遊戲。環境設計採北歐森林風，寬敞又舒適。這裡大多是木質玩具，最常見的品牌是來自德國無毒環保的 HABA。連充氣溜滑梯，都是精心挑選，踩起來又厚又扎實！老闆娘細心到連球池的球都特別請廠商開模，皆印有專屬的 LOGO 及「CE」（歐洲合格認證）的標章。

這裡的餐點不加味素，沙拉醬都是親手調配、果汁也是 100%不加水、糖、冰。這裡還擁有全臺最大和最小的扭蛋球，凡點兒童餐，可玩大扭蛋一次；另有提供包場、會議室的服務。

Info

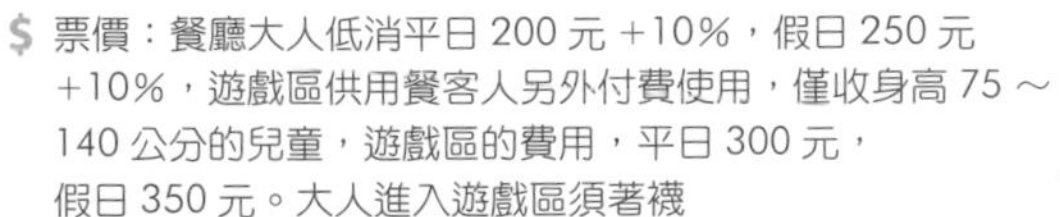

- 票價：餐廳大人低消平日 200 元 +10%，假日 250 元 +10%，遊戲區供用餐客人另外付費使用，僅收身高 75 ～ 140 公分的兒童，遊戲區的費用，平日 300 元，假日 350 元。大人進入遊戲區須著襪
- 11：00 ～ 14：00、14：30 ～ 17：30、8：00 ～ 21：00，目前採用電話預約，每月最後一週的星期二為公休日，會請廠商做全店大消毒及清潔
- (04)2462-5266
- 臺中市西屯區國安一路 168 號 B1-1（米平方商場內）
- 國 1 臺中交流道約 5 分鐘（消費可折抵 2 小時停車場費）
- 兒童遊樂設施、哺乳室、爬行墊

1 球池　2 遊戲區　3 角色扮演小屋　4 決明子沙坑　5 兒童餐點

5 南屯區 彩虹眷村

村莊位在臺中嶺東科技大學的後方，小小的眷村，其實只有 4、5 個小古厝，透過已高齡 90 餘歲的彩虹爺爺巧手下，變成臺中一大特色。爺爺用色大膽，構圖可愛獨特，並充滿童趣，相當適合親子拍照！老爺爺如今仍保持早起的習慣，在村內繼續作畫。假日會有彩虹爺爺親臨明信片小舖。前方的小型公園，有溜滑梯兒童遊樂設施。

園區一景

Info

- 臺中市南屯區春安里
- 國 1 南屯交流道約 10 分鐘（備有停車場）
- 兒童遊樂設施

6 南屯區 稞科咖啡廚房

稞科熱門的程度，連平日都不見得有位子，因此要去的朋友們，絕對要事先訂位！店內裝潢走文青風。餐點算是親子餐廳中相當美味的！正餐 249 元起，也有提供早午餐、輕食。室內有兒童遊戲室，戶外有沙坑、黑板畫圖區，唯獨周圍不太好停車，也沒有專屬停車場。

1 兒童遊戲室　**2** 餐廳外觀

Info

- 大人、小孩低消 100 元
- 全年無休 09：00 ～ 21：00
- (04)2472-5885
- 臺中市南屯區精誠路 472 號
- 國 1 南屯交流道約 15 分鐘（路邊停車）
- 兒童遊樂設施、爬行區、哺乳室、兒童餐點

7 南屯區 望高寮

位於南屯區與大肚區交界，雖然不是山區的制高點，卻有相當好的視野：向東是臺中盆地，向南為大肚溪，對岸是彰化平原，向西則是臺中港，因此這裡成為熱門觀星、賞夜景的優良景點。延伸數百餘公尺的木棧台，木棧間隔做得蠻好的。鄰近有清新溫泉，是臺中市區唯一的五星級飯店，戶外露天的花園泳池，相當受到小朋友的歡迎，還可免費租借大型充氣設備。

Info
臺中市南屯區遊園路二段
國 1 南屯交流道約 10 分鐘（備有停車場）

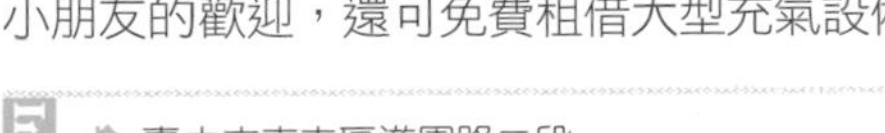

1 望高寮夜景　2 兒童遊戲室（清新溫泉）　3 清新溫泉的湯屋　4 花園泳池可免費租借大型充氣設備（清新溫泉）

8 南屯區 熱浪島南洋蔬食茶堂

雖非定位為親子餐廳，卻提供非常完善的兒童親善空間。戶外有沙坑，備有多種挖沙工具，不需自備，另外還有洗腳池及多種騎乘玩具；室內大廳也有一隻超大搖搖馬，可以拍照。套餐 259 元起，甜品摩摩喳喳，是一道深受小朋友歡迎的飯後甜點！

Info
(04)2380-1133
臺中市南屯區向上路三段 536 號
國 1 烏日交流道約 3 分鐘（路邊收費停車）

1 大型木馬　2 沙坑

9 北區 大樹先生的家

創立於 2014 年，致力於創造出完善的學齡前遊戲場所，因此超過 6 歲的孩童不得進入遊戲區，大人須著襪入場。館內最醒目的莫過於球池了，除了臺中分店，臺北也有兩家分店，皆是以夢幻球池著稱，球池定期清洗、更換新球，因此整體環境相當乾淨！館內還有黑板圖畫區、嬰幼兒專區、建構教具、角色扮演、泡泡機等。另外壽星當日預約，還可享免費的場地布置唷！

Info

- $ 6 歲（含）以下：清潔費 150 元（週間）/180 元（週末暨例假日），國小以上低消 150 元，大人低消 180 元
- 全年無休 11：30 ～ 14：30、15：00 ～ 17：30、18：00 ～ 21：00
- (04)2235-2253
- 臺中市北區崇德路一段 212 號
- 國 1 大雅交流道約 15 分鐘（路邊停車）
- 兒童遊樂設施、爬行區、哺乳室、兒童餐點

1 泡泡機　2 入口處　3 超夢幻的扮家家酒道具　4 歡樂球池　5 球池　6 多種坐騎

10 西區 玩劇島

2016 年盛大開幕的玩劇島，就隱身在精明商圈內，雖然外觀只有一個小店面大，但往下走就會發現別有洞天，室內占地有 1,000 多坪！館方秉持著「實現每一個童心的渴望」理念，非常用心地打造出充滿森林風格的舞台。每個時段都有不同內容的體驗，並以「戲劇」的方式，帶領親子體驗互動。

主要分成 5 大區域：「妙妙小鎮」有美麗的蝴蝶帶領小朋友創作美術；「蹦蹦兔舞台」有戲劇演出欣賞；「迷獸森林」引領孩子更深入地探索自我；「未來城」利用大積木建構，讓小朋友學習空間的概念；「達可實驗室」有光影魔幻體驗和顏色調配的趣味實驗！期望透過戲劇的方式，能讓孩子們更了解自己的情緒、抒發壓力。

除了上述五大區域，小朋友們也可以安靜地在樹屋內閱讀繪本，或是到決明子沙坑慢慢尋寶！另外還有小劇場培訓課程、空間租借的服務。入館須著襪，館內販售 50 元／雙。中午用餐，不妨到合作餐廳「綠光咖哩」，可享 9 折優惠。

Info
- $ 3～12 歲平日門票 550 元，假日 650 元，13 歲以上 100 元
- 10：30～18：00，週二公休
- (04)2310-8862
- 臺中市西區精明一街 75 號
- 國 1 臺中交流道約 10 分鐘（周邊有付費立體停車場）
- 兒童遊樂設施

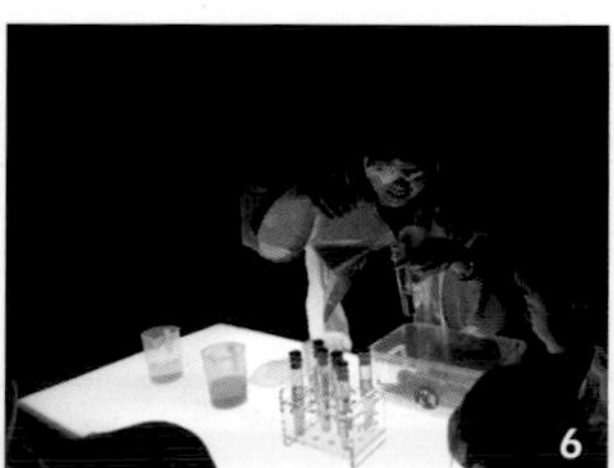

1 園區占地相當寬敞　2 蹦蹦兔舞台　3 迷獸森林　4 未來城　5 光影魔幻體驗　6 達可實驗室的趣味實驗　7 生動的說故事時間

11 西區 抱抱廚房

館址位於國立臺灣美術館（詳見《小腳丫遊臺灣》P116）前方的綠園道美食街上，顯眼的黃色外觀和綠色系的庭院，讓人忍不住主動一探究竟！入口處有一區是二手嬰婦用品交流區，親子餐廳 2 樓的兒童遊戲室，皆鋪上爬行墊，還有帳篷、餐廚玩具、騎乘玩具。戶外有沙坑、溜滑梯。

Info
- $ 2 歲以上低消 100 元
- 11：30 ～ 17：30，假日 11：00 ～ 21：00
- (04)2376-8863
- 臺中市西區五權西一街 63 號
- 國 1 中港交流道約 10 分鐘（路邊付費停車）
- 兒童遊樂設施、爬行區、哺乳室、兒童餐點

1 2 樓的兒童遊戲室
2 戶外空間

12 西區 小樂圓 Oden Good 和洋餐食

館內共分 2 層樓。溜滑梯採全罩式透明設計，溜滑梯的入口位於 2 樓，出口直達 1 樓，對於幼童來說相當刺激有趣；另外戶外還有沙坑。餐點有親子餐廳少見的「關東煮」選項，這裡步行至精明商圈約 2 分鐘，也可以到那裡覓食。

1 溜滑梯採全罩式透明設計　2 戶外沙坑

Info
- $ 每位大人低消一份主餐
- 11：00 ～ 21：00，週二公休
- (04)2323-2888
- 臺中市西區精誠七街 17 號
- 國 1 中港交流道約 10 分鐘（備有停車場）
- 兒童遊樂設施、爬行區、哺乳室、兒童餐點

13 西區 臺中文學館

園區前身為日式的警察宿舍，整修後有常態展、特展、兒童文學館，而在展售區還有販售外面買不到的兒童繪本！園區還有一棵氣勢相當驚人的老榕樹，周邊的造景和公園，也處處可見充滿詩意的句子，相當賦予文學氣質。

Info
- 10：00 ~ 17：00，週一公休
- (04)2224-0875
- 臺中市西區樂群街 38 號
- 國 1 臺中交流道約 20 分鐘（周邊備有付費停車場）
- 哺乳室

1 園區一景　2 兒童文學館

14 西區 I'm Talato 我是塔拉朵

人氣爆棚的傳奇冰淇淋店，就位於車水馬龍的草悟道商圈旁。店家嚴選臺灣在地新鮮食材，不添加任何人工添加物及鮮乳油，製成頂級的義式手工冰淇淋。而店內大大小小的冰淇淋模型、冰淇淋泳池，粉色系的夢幻造景，特別吸引愛照相的女孩前往朝聖！

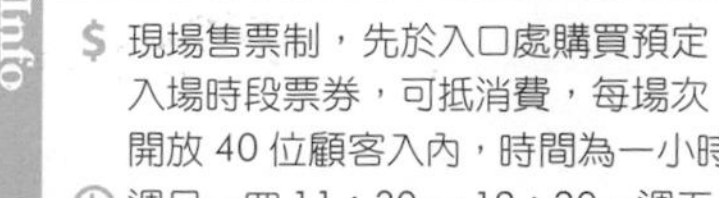

店門口

Info
- $ 現場售票制，先於入口處購買預定入場時段票券，可抵消費，每場次開放 40 位顧客入內，時間為一小時
- 週日～四 11：30 ～ 19：30，週五、六延後一小時關閉
- (04)2305-8908
- 臺中市西區英才路 451 號
- 國 1 臺中交流道約 20 分鐘（周邊備有付費停車場）

15 東區 黃金堡親子樂園

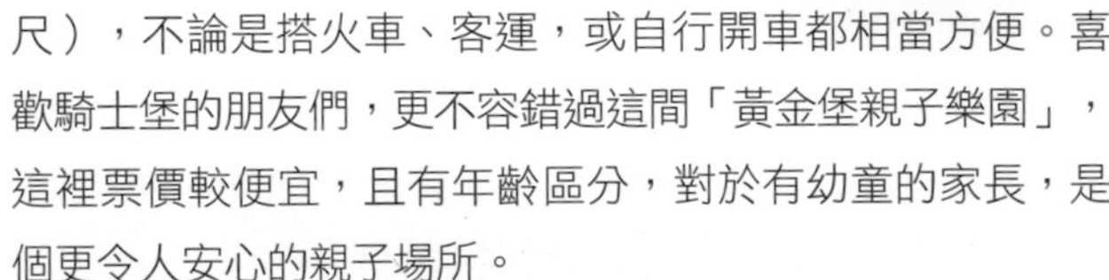

2016 年開幕的的親子大型室內遊樂場所，就位於臺中火車站旁（約 550 公尺），不論是搭火車、客運，或自行開車都相當方便。喜歡騎士堡的朋友們，更不容錯過這間「黃金堡親子樂園」，這裡票價較便宜，且有年齡區分，對於有幼童的家長，是個更令人安心的親子場所。

1 樓建議 6 ～ 12 歲兒童遊樂，有大型球池、刺激的挑高溜滑梯、海盜船、砲陣射擊、跳跳床、積木牆等。2 樓建議 1 ～ 6 歲幼童遊樂，這裡有電動賽車道、餐廚玩具區、LED 燈球池、旋轉咖啡杯等，另外還有 X-Box 體感運動教室（有場次限定），入館需著襪。館方還貼心地準備了吹風機，讓玩到滿頭大汗的小朋友可以使用。在入口處旁是用餐區，販售炸物、義大利麵、爆米花、冷飲等。

Info

- 票價：會員 395 元，非會員 550 元（平日不限時間且含 1 大人，假日限 3.5 小時，大人另付 120 元）
- 09：30 ～ 20：00，最後一個星期二公休（大型消毒日）
- (04)2225-1877
- 臺中市東區南京路 147 號
- 國 1 臺中交流道約 20 分鐘（備有停車場）
- 兒童遊樂設施、爬行區、哺乳室

1 1 樓大型球池　**2** 海盜船　**3** 體能攀爬設施　**4** 賽車道　**5** 加油站　**6** 刺激的球瀑布　**7** 體能區一景

16 中區 太陽堂老店食品

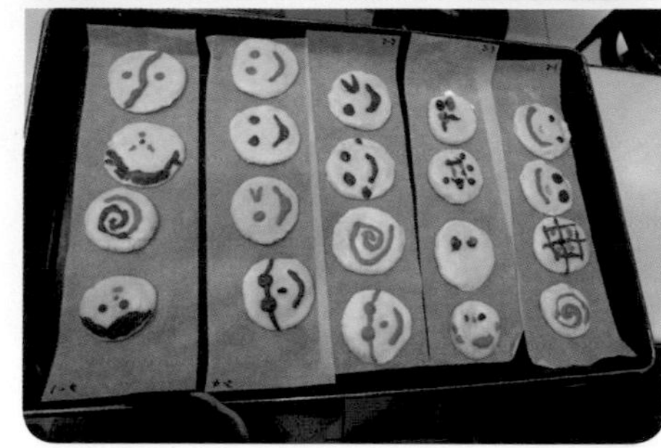

DIY 太陽餅

臺中自由路上有眾多家太陽餅店，其中又以太陽堂老店最有人氣。這裡不僅可以買到最佳伴手禮，還可以參與太陽餅 DIY 活動，150 元／人，可以做四個創意造型的太陽餅，需 10 人團報才開課，活動約 1 小時，不僅讓小朋友可以參與非常有趣的 DIY，還可以觀賞太陽餅由來的卡通，非常值得參與！在等待烘培的過程中，也能夠品嘗各種風味的太陽餅、芋頭酥等。

Info
- 全年無休 08：00 ～ 22：30
- (04)2220-0012
- 臺中市中區自由路 2 段 25 號
- 國 1 臺中交流道約 15 分鐘（路邊停車）
- DIY 太陽餅

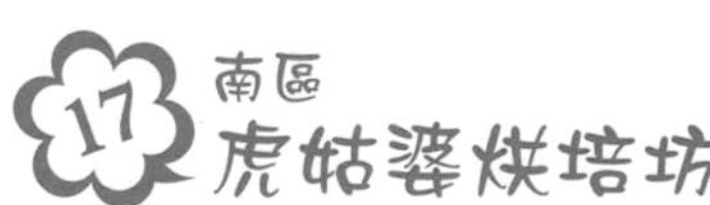

17 南區 虎姑婆烘培坊

店名聽起來只是間麵包店，但其實店內還有提供義大利麵、飲品、簡餐，套餐 150 元起，算是相當平價的親子餐廳。這間由幼稚園改建而成的親子餐廳，場地相當寬敞，還有個迷人的小小閣樓，其中擺放多種布娃娃、童書。

迷人的小閣樓

Info
- 11：00 ～ 14：30，17：00 ～ 20：30，每週日、一店休
- (04)22856116
- 臺中市南區國光路 387-6 號
- 國 1 臺中交流道約 25 分鐘（路邊停車）
- 兒童遊樂設施

18 南區 中興大學・綠川輕艇

校園內最著名的為中興湖，如果從旁邊的圖書館俯瞰，可發現中興湖主體呈現中國大陸的形狀，右側為臺灣島，下方為海南島，相當有趣！環湖一周，體驗生態豐富的動、植物，有群鳥、家禽、可餵魚、烏龜，還有大樹遮陰；前方的大草坪常可見親子玩球類遊戲，校園後方有一條興大康河，適合騎單車，也可付費租借小船。假日午後會有興大牛奶、冰淇淋的販售小車。

Info

(04)2287-3181
臺中市南區國光路 250 號
國 3 中投接快速道路臺 63 線終點，後約 5 分鐘即可到達，車可進入校園（收費停車）

1 大草坪　2 綠園道

1 中式庭院　2 園區一景

19 清水區 臺中市港區藝術中心

園區主要以中式復古庭院造景為主，腹地廣大，適合全家老少踏青。室內有常態藝術展、演藝廳、美術家資料館。

Info

(04)2627-4568
臺中市清水區忠貞路 21 號
國 3 沙鹿交流道約 8 分鐘（備有停車場）

20 清水區 鰲峰山愛公園

鰲峰山向來以擁有絕佳夜景的觀景台聞名，周邊還有規劃完善登山步道、自行車場。而在近年新建完成的競技體能場和兒童探索區，絕對可以滿足體力無窮的小朋友。體能場主要以攀爬繩纜為設計主題，探索區有音樂敲打、黑板圖畫、圓錐山洞等。周邊還有著名的清水鬼洞和臺灣史前文化「牛罵頭遺址」。

Info
臺中市清水區鰲峰路
國 3 沙鹿交流道約 8 分鐘（備有停車場）
兒童遊樂設施

1 園區一景　2 競技體能場　3 黑板圖畫區　4 音樂敲打區　5 圓錐山洞

21 東勢區
東勢林場遊樂區

以螢火蟲聞名全臺的東勢林場，園區占地相當廣大，有花卉區、超長溜滑梯、瓢蟲山、侏儸紀公園、蝴蝶館、溫泉泡腳區、攀爬繩纜等。體能訓練場共分為 2 大區域，一個位於入口不遠處，有滑草場、彈跳床、大小泰山、乘虛御風，非常適合愛冒險刺激的小朋友；另一座小泰山訓練場位於園區較後方。每年的重頭戲就是春夏之間的螢火蟲季，園區有多個步道可走，也可隨著免費的導覽，來場深入的生態之旅。園區還有餐廳、住宿區、露營。團體還可預約 DIY 貓頭鷹筆筒、甲蟲陶藝彩繪，皆為 100 元／份。

Info

- $ 門票 3 ～ 6 歲，125 元；7 ～ 19 歲，200 元；成人 250 元；汽車停車費 100 元，機車 30 元
  車輛停車收費標準：大型車收費 100 元（包含中型巴士）小型車收費 50 元（包含九人座轎車）機車收費 30 元
- 全年無休 06：30 ～ 22：00，體能訓練場到 17：00
- (04)2587-2191
- 臺中市東勢區勢林街 6-1 號
- 國 4 豐原交流道約 25 分鐘（備有停車場）
- 兒童遊樂設施、DIY 活動

1 滑草區　2 超長溜滑梯　3 溫泉泡腳區　4 彈跳床　5 瓢蟲山　6 侏儸紀公園入口　7 大小泰山　8 小泰山體驗區

22 石岡區
京葉休閒馬場（兔樂園）

園區飼養多種動物，遊客們可以零距離地餵食巨無霸兔子、鴕鳥、鴨子，或是付費100元玩嘟嘟船；馬術體驗2圈（80元），非假日還可體驗野外騎馬（30分鐘600元）。從園區步行約3分鐘即可到達情人木橋，情侶喜愛在此鎖上愛情鎖，周邊有座水車公園，假日有不少攤販進駐，相當熱鬧。

Info

- $ 大人小孩入場門票皆50元，30元可抵消費
- 全年無休 09：30～17：30
- 袁教練 0939-831-980
- 臺中縣石岡鄉萬興村豐勢路881巷10號（情人木橋內）
- 國4豐原交流道約15分鐘，沿途道路狹小不好停車（附近有付費停車場，100元／次，建議可停到石岡農會，再步行約5分鐘進入園區）
- 動物農場

1 園區入口　**2** 喜愛與人互動的鴕鳥　**3** 嘟嘟船　**4** 迷你馬　**5** 周邊的水車公園

23 石岡區
羅望子生態教育休閒農場園區

入口處即可看見生長奇異的古樹，是由 5 種不同的樹木交錯互生，由已故總統經國先生命賜名為「五福臨門」。車子再往內開約 5 分鐘，即可到達主園區。園區生態相當豐富，春天可賞櫻，夏天可賞蝶，採放養式。團體可預約 DIY 手作，有種子吊飾、押花相框、園藝盆栽。餐廳採中式合菜為主，主廚料理相當精緻美味，非常值得品嘗。另外，園區內的玻璃屋民宿也是熱門的參觀景點。

Info

- 10：00 ～ 20：00，週二公休
- 0910-495-155
- 臺中市石岡區萬仙街岡仙巷 6 之 6 號
- 國 4 豐原交流道約 16 分鐘（備有停車場）
- 動物農場、DIY 種子

1 古色古香的餐廳　2 園內花木扶疏　3 餐廳入口　4 白雲亭　5 園區有簡易木棧道　6 盪鞦韆

24 新社區 森之王子

新社是臺中著名的後花園，有不少各具特色的景觀餐廳。森之王子與安妮公主是同個老闆，園區處處是精心布置的美景，其中的玻璃屋景觀餐廳更是人氣景點。園區還提供包場、生日派對、團體聚餐的服務，另有小木屋住宿區。

Info

- 全年無休 11：00 ～ 20：00
- (04)2582-1658
- 臺中市新社區永源里井南街 28 號
- 開車國 1 接快速道路臺 74 線，下松竹交流道約 30 分鐘（備有停車場）
- 兒童遊樂設施

1 入口處　**2** 此處很適合辦戶外聚會　**3** 園區一景　**4** 草皮上的大型搖搖馬　**5** 後花園　**6** 擁有良好視野的景觀餐廳

25 新社區 櫻花鳥花園

園內飼養眾多鳥類，尤其是鸚鵡特別會跟小朋友互動。春天到此可以賞櫻，夏天假日開放山泉水兒童戲水池。森林小火車 50 元／人，還有森林導覽唷！餐廳提供中西式套餐、火鍋，柑仔店有許多古早童玩可選購。園區還有提供露營區。

1 巨木招牌　2 森林小火車

Info

- 門票 100 元，可抵消費
- 全年無休 09：00 ～ 19：00
- 0905-278-877
- 臺中市新社區協成里協中街 6 號
- 開車國 1 接快速道路臺 74 線，下松竹交流道約 30 分鐘（備有停車場）
- 兒童遊樂設施、動物農場

26 新社區 沐心泉休閒農場

園區占地相當廣大，依各個時節有不同的花海可欣賞。其中最著名的就是 2 ～ 3 月的櫻花和 5 ～ 8 月的金針花。夏天還可到這邊的天然山泉水泳池玩個透涼！此處也是相當熱門的露營區唷！

1 天然山泉水泳池　2 園內花團錦簇

Info

- 門票 150 元，100 元可抵消費
- (04)2593-1201
- 平日 09：30 ～ 18：00，假日 09：00 ～ 18：30
- 臺中市新社區中興街 60 號
- 開車國 1 接快速道路臺 74 線，下松竹交流道約 40 分鐘（備有停車場）

27 新社區
薰衣草森林

在臺灣相當有知名度的薰衣草森林，由兩個女生打造出的夢幻園地，來到這裡，能夠體驗充滿香草植物的浪漫空間，處處皆有著精緻的園藝造景可以欣賞，相當適合照相。還有一些小木屋，讓小朋友跑進跑出，玩得不亦樂乎！

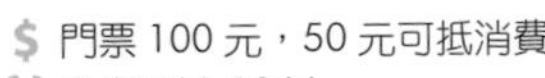

Info

- $ 門票 100 元，50 元可抵消費
- (04)2593-1066
- 平日 10：30 ～ 18：30，假日提早半小時營業
- 臺中縣新社鄉中和村中興街 20 號
- 國 1 接快速道路臺 74 線，下松竹交流道約 40 分鐘（備有停車場）
- 兒童遊樂設施

1 園區一景　**2** 原木大鉛筆　**3** 跳房子　**4** 薰衣草田　**5** 兒童小木屋　**6** 入口處

28 新社區 安妮公主花園

花園是由一群熱愛鄉村風格的人們所創立，整個園區充滿粉紅色浪漫公主的氛圍，戶外有香草花園、眾多藝術造景，吸引許多女孩兒前往朝聖。還有木製公主衣服看板，讓愛拍照的大、小朋友相當過癮。餐廳有在地山產料理、西式套餐可供選擇。

Info

- $ 8 歲以上門票 100 元，可抵消費
- 全年無休 09：00 ～ 21：00
- (04)2593-1567
- 臺中市新社區中和里中興街 223 號
- 國 1 接快速道路臺 74 線，下松竹交流道約 40 分鐘，備有停車場
- DIY 彩繪

1 公主變裝區　2 大型搖馬

29 新社區 新社古堡

臺中的後花園「新社」擁有眾多莊園和農場，其中最具指標性的莫過於新社古堡。園區占地相當廣闊，有歐式古堡建築、酒莊、羅馬拱門、迷霧噴泉、石砌橋梁、湖泊花園，美不勝收。園區的建築設計師和雲林的「摩爾花園」（詳見 P124）為同一個設計師。

Info

- $ 門票 250 元，7 ～ 12 歲門票 150 元，100 元可抵消費
- 09：00 ～ 18：00，假日提早一小時營業
- (04)2582-5628
- 臺中市新社區協中街 65 號
- 國 1 接快速道路臺 74 線，下松竹交流道約 30 分鐘（備有停車場）
- 哺乳室

1 酒莊　2 迷霧噴泉

30 后里區 星月大地

距月眉育樂世界不到5分鐘車程的星月大地，是后里著名的夜景景觀餐廳。遊客們只要爬上約5分鐘路程的小山丘，即可觀賞到臺中無敵夜景。這裡的戶外有眾多兒童騎乘玩具，還有充滿南洋風情的戲水池，是個消耗小朋友體力的好地方。後方有露天泡湯區（費用另計）。園區處處皆有用心規劃的造景，相當適合愛拍照的朋友們！

Info

- 110公分以上門票100元，可抵消費
- 全年無休 10：00～01：00
- (04)2683-1671
- 臺中市后里區月眉北路486號
- 國1后里交流道約5分鐘（備有停車場）
- 兒童遊樂設施

1 園內花木扶疏　2 園區充滿南洋風情　3 草坪上有多種兒童騎乘玩具　4 園區處處是美景　5 入口處　6 兒童戲水池

31 后里區 沙發后花園

園區為提供心智障礙青年訓練所而設立餐廳，餐廳是平價餐點，展售區有商品義賣。前方的的草皮上，有溜滑梯、沙坑、水池，室內也有兒童遊樂區，是個相當舒適又平價的親子餐廳！園區的位子不太好找，建議較接近目的地時，詢問當地人協助可以更快抵達。

Info
- 09：00～17：00，週一、二公休
- (04)2557-7050
- 臺中市后里區泰安里福興路 59-8 號
- 國 1 后里交流道約 15 分鐘（備有停車場）
- 兒童遊樂設施

1 簡單舒適的園區　2 兒童遊樂設施

32 豐原區 慈濟公園

公園內有沙坑溜滑梯、人工造景日式假山水、灌木樹叢迷宮，是個適合全家老少踏青的好去處。

Info
- 臺中市豐原區豐東路和水源路交叉口
- 國 4 后里交流道約 5 分鐘（備有停車場）
- 兒童遊樂設施

1 沙坑溜滑梯　2 灌木樹叢迷宮

33 外埔區 布英熊文化創藝館

近年來許多裁縫臺商紛紛到中國設廠，但布英熊文化創藝館的老闆依舊堅持深耕臺灣，園區主打帆布包，遊客們可以到此玩 DIY 蝶谷巴特拼貼，也可以直接買成品回家。幼童可以選擇黏土 DIY 課程（150 元起），現場 DIY 有專業人員教學指導（17：00 前）。創藝館裡有餐廳提供平價咖啡、簡餐，團體可預約合菜喔；戶外還有沙坑、溜滑梯、瞭望台可以使用。

Info
- 09：30～19：00，週三公休（寒暑假期間不休館）
- (04)2683-9818
- 臺中市外埔區中山里中山路 339 號
- 開車下國 1 外埔交流道後約 5 分鐘（備有停車場）
- 兒童遊樂設施、DIY 創作

1 創藝館大廳入口處　2 戶外遊戲區

34 外埔區 忘憂谷

位於低處平原的忘憂谷，群山環繞，屬私人農作土地。農夫們於休耕期，常會播種一些綠肥花卉植物，例如大波斯菊、油菜花田，遊客們可依標誌進入田內，免費賞花、採花。於每年 1 月左右，還有拔蘿蔔的體驗，只需花費 100 元，即可讓小朋友拔到手軟，而且這邊生產的農作物皆是無毒的優質農產品！

Info
- 0973-216-819（柯坤利先生）
- 臺中市外埔區三崁里溪底路 16 號
- 國 1 外埔交流道約 10 分鐘（路邊停車）

1 油菜花田　2 拔蘿蔔體驗

35 外埔區 鐵山腳單車運動村

園區提供小朋友室內練習騎乘場地，戶外有幼童專屬兒童土坡賽道和成人專業競賽場。這裡的練習場地，有規劃小坡度和轉彎坡道，讓小朋友騎起來特別刺激！下場一定要戴安全帽，可自行攜帶，也可直接在園區租借（滑步車 100 元／台，單車 200 元／台，安全帽 100 元／頂，不限時間）。

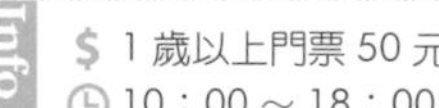

Info
- 1 歲以上門票 50 元
- 10：00 ～ 18：00 ，週一公休
- (04)2683-1331
- 臺中市外埔區 長生路 866 號
- 國 3 大甲交流道約 8 分鐘（備有停車場）
- 兒童遊樂設施

1 土坡　2 加速坡

1 自製的搖搖鴨　2 黑板牆

36 大甲區 花巷松林

入口處不太明顯，但進去後才發現別有洞天！園區處處有自製的搖搖馬，造型多變，像是小鴨、母雞、小牛，甚至還有三人共乘的搖搖鴨！另外還有翹翹板、黑板牆、盪鞦韆。園內廣植花草，還有不少藝術造景，相當適合喜歡自然風格照相的朋友們。園區內有餐廳也有設置包廂，適合家庭聚會、同學會包場使用（餐廳套餐 268 元起）！

Info
- 11：00 ～ 22：00 ，假日提早半小時
- (04)2688-1599
- 臺中市大甲區成功路 59 號
- 國 3 大甲交流道約 8 分鐘（備有停車場）
- 兒童遊樂設施、DIY 活動

37 大甲區 鐵砧山風景區

風景區雖位於山區內，但其實只是個小山丘，很容易就可以到達。風景區內有顯眼的風車、溜滑梯，假日會有攤販聚集。此處早期為軍事用地，可驅車觀賞沿路的軍事設備。

Info
- 臺中市大甲區成功路
- 國 3 大甲交流道約 12 分鐘（備有停車場）
- 兒童遊樂設施

風景區一景

1 入口處　2 特色貨櫃屋

38 沙鹿區 好好聚落文創園區

師生共同建造的新興景點，就隱身在草叢道路的後頭。園區擺放多個不同色系的貨櫃屋，相當適合愛外拍的朋友，照片會有濃豔鮮明的色彩！「好好小館」是餐廳，採線上預約制，假日建議提早預約，這邊可是一位難求的喔！餐廳外頭有沙坑、溜滑梯、搖馬。

Info
- $ 好好小館 7 歲以上低消 100 元，可免費進入文創園區；也可直接購買門票，直接進入文創園區，90 公分以上門票 50 元
- 12：00～18：30，週二公休
- (04)2636-8826
- 臺中市沙鹿區鎮南路永福巷 7 號
- 國 3 沙鹿交流道約 15 分鐘（備有停車場）
- 兒童遊樂設施

39 潭子區 大木塊休閒農場

農場採預約制，提供一整天豐富的親子 DIY 活動：貓頭鷹磁鐵、肉圓、Pizza、彩繪手擲滑翔機，依時節還提供各種親近大自然的行程：插秧、採有機蔬菜、挖馬鈴薯等。園區還有一些溜滑梯、沙坑、小動物，讓孩子能在豐富的行程之外，也可以自由地玩耍唷！

Info

$ 團體預約制
(04)2535-4391
臺中市潭子區大富路一段 104 號
國 1 豐原交流道約 15 分鐘（備有停車場）
兒童遊樂設施、動物農場、DIY 活動

1 農場採團體預約制　2 DIY 活動　3 攀爬大輪胎　4 溜滑梯　5 飛機溜滑梯　6 採有機蔬菜

40 潭子區 寶熊漁樂館

臺灣第一家釣具觀光工廠，除了提供釣魚活動的正確觀念，更提倡保護海洋資源為主要目的。1 樓為展售區，2 樓為觀光工廠。可透過透明櫥窗，觀看釣具的製造流程。館內不大，入口處有一個數位互動踩魚。

館內還有 3D 與 4D 劇場，3D 劇場的電影特效共 12 分鐘，前半部透過卡通北極熊的視野，看看臺灣有哪些魚種？後半段則是實拍美國盛行的路亞釣法：透過操焢假的小魚，去吸引真的大魚上鉤（最終還會放生）；4D 劇場是透過釣魚快艇（潛水艇），讓觀眾更能身歷其境的感受奇幻的海底世界（門票含 3D、4D 劇場）。遊客們也可自費體驗虛擬釣場，有適合小朋友的輕體驗，也有大人的挑戰賽，看看是否能承受 500 公斤的拉力呢？ DIY 有彩繪熊撲滿、假餌（150 元），甚至能組裝專屬的釣竿（400 元）喔！

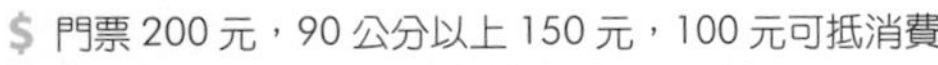

Info

- 門票 200 元，90 公分以上 150 元，100 元可抵消費
- 09：30 ～ 17：00，中午休息，週一公休
- (04)3501-3338
- 臺中市潭子區中山路三段 11 號
- 國 1 豐原交流道約 12 分鐘（備有停車場）
- 兒童遊樂設施、哺乳室

1 虛擬釣場　2 園區入口　3 數位遊戲　4 4D 劇場　5 數位互動踩魚　6 DIY 教室

41 神岡區
臺灣氣球博物館

大倫氣球伴隨著臺灣人們至今已超過半個世紀，是臺灣唯一的橡膠氣球工廠，廠內有多種模型、數位互動操作台、氣球烘爐隧道，博物館參觀三歲以上需門票，建議可以先上網預約。

有 3 種行程可選：A 行程 120 元，有詳盡的導覽解說，並操作展示多種氣球：火箭筒、彈力球、直升機氣球、飛碟汽球等，導覽姊姊還會隨時來個有獎徵答！ B 行程 190 元，有導覽和手工氣球 DIY，從沾乳膠液、烘乾、脱模，體驗從無到有做出一顆氣球 ！在等待烘乾的過程中，導覽姊姊還會編出很多造型氣球，來個有獎徵答大放送；C 行程 50 元，除了導覽和 DIY，再增加親子氣球遊戲，夏天還有水球大戰。

各行程結束後，凡付費門票皆贈送氣球福袋（3 歲以下免門票，恕不贈送福袋）。

母親節等特殊節日還有攀岩大賽！遊客們也可純粹到販售部購買五花八門的氣球商品：小鳥氣球、蘋果氣球、公雞氣球等，不另收門票費用；戶外有應景的大型氣球公仔，相當適合拍照留戀。

Info

- 全年無休 09：00 ～ 17：00，平日中午休息一小時
- (04)2528-4525
- 臺中市神岡區大豐路 5 段 505 號
- 國 1 豐原交流道約 2 分鐘（備有停車場）
- DIY 氣球

1 戶外氣球公仔 **2** 親子氣球遊戲 **3-4** 介紹各式模型 **5** 做完的成品可以帶回家 **6** 攀岩場

42 神岡區 圳前仁愛公園

是一座以「空軍」為主題設計而成的公園，入口處即可見顯眼的鮮紅色大型紙飛機，園內有飛機跑道、停機坪觀景台，最受歡迎的莫過於機堡上的沙坑區，旁邊還搭配多種體能區：磨石子溜滑梯、攀岩（腳踏板的造型也特別用飛機做為模型）、攀繩、欄杆，累了可在山洞內休息一番，園內的後方有海盜船溜滑梯，周邊有自行車道，此處假日人潮相當洶湧。

Info
臺中市神岡區中山路 1688 號
國 4 神岡交流道約 6 分鐘（備有停車場）
兒童遊樂設施

1 園區一景　2 沙坑　3 攀岩　4 海盜船溜滑梯　5 戲水區

43 大雅區 赤腳丫生態農場

一進入園區即可看到舒適的大草皮，兒童遊戲室有球池、積木；經過有點長的綠廊隧道，園區後頭還有有沙坑區、戲水區、摸蛤仔兼洗褲區，還有多種可愛動物。園內處處可見精心設計的小擺設，夜晚會打燈，小朋友依舊可以在城堡溜滑梯探險，有時假日會在大片綠地舉辦草地電影節、音樂節，詳情可上官網查詢。

Info

- 一歲以上門票 100 元，平日可全抵消費，假日折 50 元
- 全年無休 10：00 ～ 21：00
- (04)2569-0735
- 臺中市大雅區雅潭路三段 500 號
- 國 1 大雅交流道約 8 分鐘（備有停車場）
- 兒童遊樂設施、爬行區、動物農場、哺乳室、兒童餐點

1 球池　**2** 大草皮　**3** 園區一景

44 大雅區 麥根小學堂

大雅區是臺灣小麥田的主要種植地，每年 3 月形成金黃色的麥浪。驅車 1 公里即可到達使用在地小麥製成商品的富林園洋菓子、小林煎餅（詳見《小腳丫遊臺灣》P101）。

1 小麥田　**2** 彩繪小林煎餅 DIY

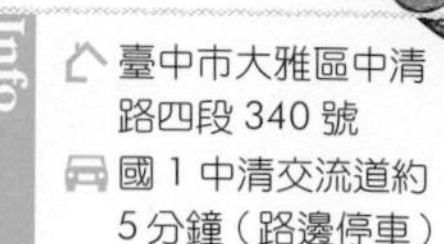

Info

- 臺中市大雅區中清路四段 340 號
- 國 1 中清交流道約 5 分鐘（路邊停車）

1 簡易迷宮　2 親水木棧道

45 太平區 坪林森林公園

緊鄰勤益科技大學的公園，是具備非常完整的綜合型公園，兼具生態、景觀、滯洪、戶外展演廣場、兒童遊憩區等。遊樂設施除了有溜滑梯，還有一、兩座迷宮。遊客們可以走上親水木棧道上餵魚，公園周邊特別規劃了自行車道，由於設計簡單，特別適合幼兒在此學習腳踏車喔！

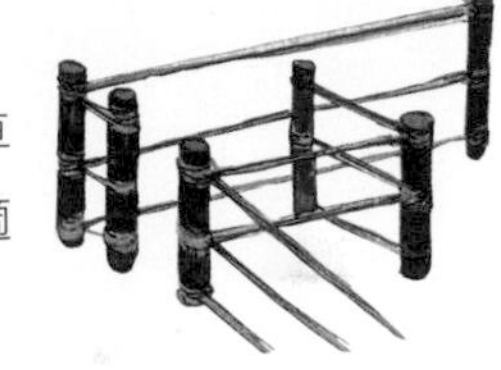

Info

- 臺中市太平區中山路二段，國軍 803 醫院斜對面
- 臺 74 線於樂業路匝道下交流道約 6 分鐘（備有付費停車場）

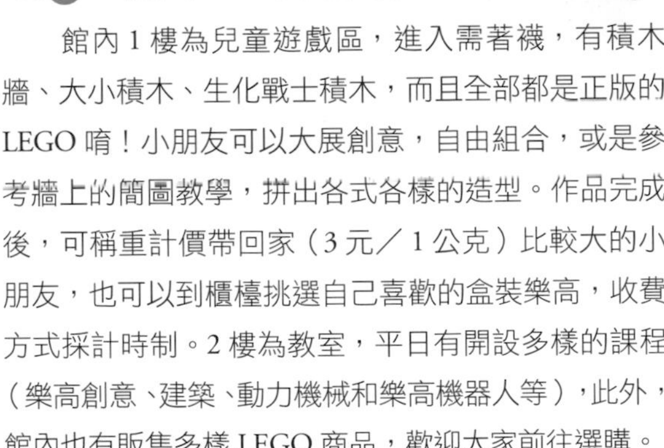

46 大里區 積木王創意館

館內 1 樓為兒童遊戲區，進入需著襪，有積木牆、大小積木、生化戰士積木，而且全部都是正版的 LEGO 唷！小朋友可以大展創意，自由組合，或是參考牆上的簡圖教學，拼出各式各樣的造型。作品完成後，可稱重計價帶回家（3 元／ 1 公克）比較大的小朋友，也可以到櫃檯挑選自己喜歡的盒裝樂高，收費方式採計時制。2 樓為教室，平日有開設多樣的課程（樂高創意、建築、動力機械和樂高機器人等），此外，館內也有販售多樣 LEGO 商品，歡迎大家前往選購。

Info

- $ 兒童入場費 100 元／ hr，第二個小時起 50 元／ hr；大人入場費 50 元／次（不限時）
- 僅假日開放 09：30 ～ 12：00 ，13：00 ～ 18：00
- (04)2483-5519；0920-471-812
- 臺中市大里區現岱路 41-1 號
- 臺 74 線太平交流道約 2 分鐘（路邊停車）
- 兒童遊樂設施

1 1 樓的兒童遊戲區　2 生物怪獸與 LEGO 可直接組合

47 大里區 文山休閒農場

園區原為觀光果園，但經 921 摧毀果園後，園區經過多年的努力轉型為休閒農場。親子可以在這邊體驗多種古早味傳統遊戲：射竹劍、竹竿舞、沙坑，夏天還有山泉水戲水池；年紀大一點的小朋友還可以挑戰森林獨鋼橋、爬樹大賽。柑仔店的前方有多種昆蟲飼育盒和生態介紹看板；團體可以預約 DIY 竹筒飯、土窯。

Info
- $ 門票 150 元，可抵消費
- 全年無休 09：00 ～ 17：00
- (04)2493-7679
- 臺中縣大里市健東路 123 號
- 國 3 霧峰交流道約 15 分鐘（備有停車場）
- 兒童遊樂設施、動物農場、DIY 竹筒飯

1 土窯　2 山泉水戲水池

48 烏日區 新烏日高鐵

臺中高鐵與臺鐵為方便乘客轉搭高鐵，特別設置了「新烏日道」，場內有多間店鋪適合親子同遊。像是 BLOCK 積木店（內有積木試玩區）、臺鐵模型店、鐵道故事館、紙箱王主題式火車餐廳、貓行館等。凡在指定商店消費滿 200 元，即可免費搭乘中央廣場的小火車，或是另外付費 50 元／次；此外也可順道一遊相距約 2 公里的烏日酒廠。

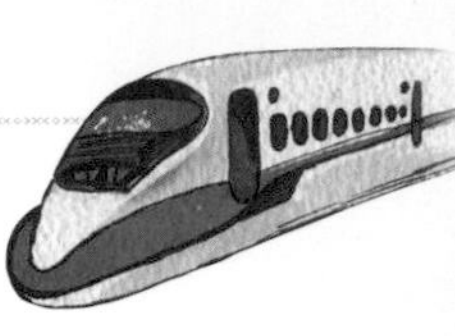

Info
- 全年無休 09：00 ～ 22：00
- 臺中市烏日區高鐵東一路 26 號 2 樓
- 搭乘高鐵至烏日站下車即可到達
- 兒童遊樂設施

1 中央廣場有小火車可乘坐　2 烏日酒廠

南投

①清境農場－青青草原
②清境農場－小瑞士花園
③ Nina 巧克力工坊
④台一生態休閒農場
⑤木生昆蟲博物館
⑥埔里酒廠
⑦龍南天然漆博物館
⑧米田貢
⑨可妮小屋
⑩牛耳藝術渡假村
⑪欣隆農場
⑫寶島時代村
⑬清水國小
⑭赤腳精靈
⑮微熱山丘
⑯南投酒廠
⑰嗬嗬茶語共和複合式餐飲
⑱桂花田
⑲和菓森林紅茶莊園
⑳日月潭貓頭鷹之家
㉑頭社活盆地金針花
㉒添興窯陶藝村
㉓親水童年
㉔怪物綜合越野場
㉕遊山茶訪 茶文化館
㉖藏傘閣
㉗車籠埔斷層保存園區
㉘青竹文化園區
㉙竹山文化園區
㉚臺灣影城桃太郎村

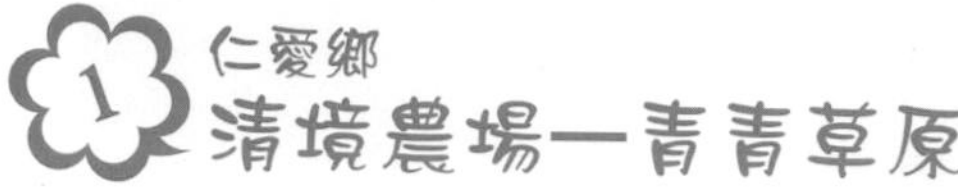

1 仁愛鄉 清境農場－青青草原

農場主要分成兩大園區：一個是「青青草原」由北端票亭（外觀如城堡）進入，有綿羊城堡、綿羊秀場（假日及寒暑假每日表演）、長城步道、騎馬體驗（100元／次）；另一區域則是「觀山牧區」有馬術秀（每日的10：45及15：45）、風車造景、大自然劇場。兩大園區皆可看到綿羊漫步其中，遊客們可以買飼料體驗餵羊的樂趣，與羊兒來個零距離接觸！依各個時節農場也推出不同的活動，最負盛名的莫過於二月的奔羊節了。餐飲的部分，在兩大園區的交界處有攤販小吃，或是可到國民賓館西餐廳、充滿異國風情的法國小鎮（旅遊服務中心）。

Info

- 門票160元（假日200元），6～12歲80元(假日100元)，0～6歲20元
- (049)280-2172
- 全年無休 08：00～17：00
- 南投縣仁愛鄉仁和路170號
- 臺14線往霧社方向，轉臺14甲線10公里和9.5公里皆有售票亭、停車場
- 動物農場

1 綿羊城堡　2 販賣部前方有騎馬場　3 綿羊愜意地在草原散步　4 園區一景　5 馬術秀　6 青青草原

2 仁愛鄉 清境農場—小瑞士花園

小瑞士花園每年七、八月總是吸引大批遊客前往，隨著季節的不同廣植花卉植物，搭配著瑞士風的庭園造景、7-11 的 OPEN 系列公仔，特別適合愛拍照的遊客前往。若是傍晚前往，園區點上燈火，更具有浪漫風情，還可觀賞燈光水舞秀。園區外則有數間特色商店如紙箱王、Nina 巧克力工坊等。

Info

- 門票 120 元，6 ～ 12 歲 90 元
- (049)280-3308
- 全年無休 09：00 ～ 21：00
- 南投縣仁愛鄉定遠新村 28 號
- 臺 14 線往霧社方向，轉臺 14 甲線 7.5 公里處（備有停車場）

1 青山綠水　2 風車迷宮　3 園區處處有風車造景　4 藝術南瓜馬車　5 園區一景　6 熱氣球造景

3 仁愛鄉 Nina巧克力工坊

由佛羅倫斯山莊所經營的巧克力甜點店，鄉村小屋外觀彩繪上色彩繽紛的圖騰，就如同糖果屋般引人入勝。店裡販售各式精品巧克力，散客也可直接參與DIY，可製作獨一無二的手工巧克力（200元／份）。若單純購物的遊客，也可就近至小瑞士花園的商店街購買。

建築外觀

Info
- (049)280-2988
- 全年無休 09：00～19：00
- 南投縣仁愛鄉榮光巷8-3號
- 臺14線往霧社方向，轉臺14甲線7.5公里處轉入後約500公尺（備有停車場）
- DIY巧克力

4 埔里鎮 台一生態休閒農場

台一生態休閒農場是臺灣最大的植物工廠，有多種種苗、花草、觀賞植物。園內俯拾皆是園藝造景：有用盆栽做成的藝術公仔、南瓜馬車、綠建築、花牆、花神廟、雨林風情、蜜蜂展示區；草地還有真的小鴨在散步，當然也有小鴨藝術造景提供遊客拍照；另外，還有一整片的蔓花生廣場，旁邊的廊道可餵魚；遮陽棚下還有許多投幣式玩具。農場內提供中價位的餐點，也提供住宿的服務。

Info
- 門票150元
- 08：00～16：30，假日延長至17：30
- (049)293-1360
- 南投縣埔里鎮福興里福興路58號
- 國6愛蘭交流道約3分鐘（備有停車場）
- 兒童遊樂設施、動物農場

1 蔓花生草地　2 鴨子造景

5 埔里鎮 木生昆蟲博物館

一進入園區會先看到「蝴蝶生態園區」，此處四周都是翩翩飛舞的蝴蝶，品種繁多，像是特別的枯葉蝶，若不只細觀察，還真以為是懸吊樹上的枯葉咧！本館 1 樓有許多活體昆蟲、蜘蛛，如：糞金龜、獨角仙、鍬型蟲、竹節蟲等，後方還飼養兩隻鸚鵡。2 樓為珍奇世界標本館，此處收藏世界各國稀有的昆蟲標本近一萬多種，有色彩絢麗的，也有演化成蛇頭狀的蝴蝶！然而長期強光會對標本造成損害，因此是禁止攝影的。已有 80 年歷史的博物館，沒有豪華的設備，但導覽非常詳盡，是個吸收知識的好去處。

Info

- 門票 120 元
- 全年無休 08：00 ～ 17：30
- (049) 291-3311
- 南投縣埔里鎮南村路 6 之 2 號
- 國 6 愛蘭交流道約 5 分鐘（備有停車場）
- 動物農場

1 蝴蝶生態園區　2 這是蝴蝶還是葉子咧？！　3 巨大的螳螂模型　4 蛹和剛羽化的蝴蝶　5 鸚鵡　6 昆蟲標本

6 埔里鎮 埔里酒廠

埔里向來以純淨甘甜的水質聞名，而埔里酒廠釀造的紹興酒更是聞名海外。這裡可以買到獨一無二的紹興冰棒，還有許多相關產品：紹興米糕、紹興蛋糕等。2 樓的酒甕隧道，用無數個酒甕搭建而成的迂迴廊道，是小朋友的最愛；還有挑扁擔、酒醉體驗屋；戶外有涼亭、狀元步道、中式庭園，還有各地的農地產品展售中心，適合選個伴手禮。

1 戶外庭園　**2** 酒甕隧道　**3** 體驗挑扁擔

Info
- 全年無休 08：30 ～ 17：30
- (049)298-4006
- 南投縣埔里鎮中山路三段 219 號
- 國 6 愛蘭交流道約 10 分鐘（備有停車場）
- 哺乳室

7 埔里鎮 龍南天然漆博物館

如今已傳承四代的私人博物館，見證了臺灣百年漆業發展。館內珍藏不少中國古代的器物，老闆會提供最詳盡的導覽解說。天然漆具有防腐、耐酸、耐鹼、絕緣、防潮的特性；塗用於木製碗器，安全無毒，連小朋友都可以安心使用！遊客們可事先預約漆藝 DIY，繪製專屬的天然漆木碗（280 元／份）。

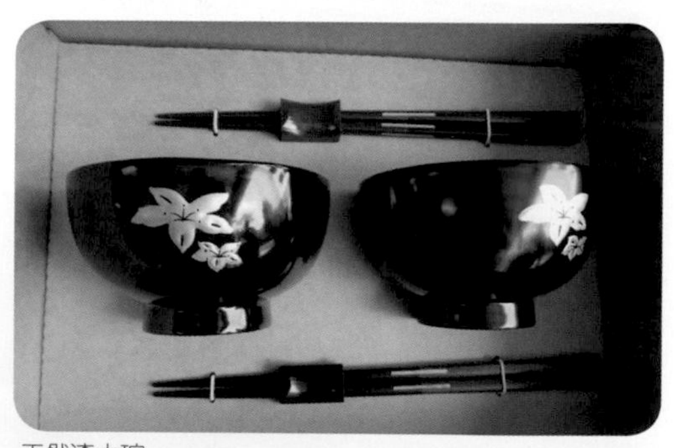

天然漆木碗

Info
- 09：00 ～ 17：00，中午休息，週一公休
- (049)298-2076
- 南投縣埔里鎮北平街 211-1 號
- 國 6 愛蘭交流道約 10 分鐘（路邊停車）
- DIY 彩繪

8 埔里鎮 米田貢

以米食為主題的園區，商品很大方地提供試吃服務。小火車小朋友是 60 元／人，大人 90 元／人，如果小朋友不滿十二歲，或是 150 公分以下，大人則一定要陪同搭乘，票券可以全額抵用園區消費，火車會繞園區很大一圈喔！從木製溜滑梯旁可通往 2 樓，有沙坑。

Info
- 10：00 ～ 17：30，週二、三公休
- 0800-020096
- 南投縣埔里鎮中正路 1004 號
- 國 6 埔里交流道約 3 分鐘（備有停車場）
- 兒童遊樂設施

1 特色溜滑梯　2 館內一景

1 園區一景　2 南瓜用餐區

9 埔里鎮 可妮小屋

以地中海風格打造的景觀餐廳，入口處即有一塊舒適的草地，還有許多趣味的造景：風車、電話亭、南瓜用餐區等，餐點主打異國料理，還有下午茶時段，座位不多，假日建議提早預約。

Info
- 低消一杯飲料 90 元，套餐 299 元起
- 全年無休 11：00 ～ 21：00
- (049)293-0079
- 南投縣埔里鎮西安路二段 77 號
- 國 6 埔里交流道約 1 分鐘（備有停車場）

10 埔里鎮
牛耳藝術渡假村

臺灣三位名雕刻家，楊英風、朱銘、林淵生肖皆屬牛，創辦人為收藏林淵先生的作品而成立了石雕公園，命名為「牛耳藝術渡假村」。戶外處處可見巧思雕琢的石雕、銅雕。草坪特別種植蜜源植物，常可見不少蝴蝶翩翩飛舞。園區廣植 1,000 坪的油桐樹，每年春季左右，一齊綻放的五月雪蔚為壯觀，此時園區會舉辦桐花祭系列活動。花漾年華 SPA 能量館需額外付費使用，為室內恆溫泳池，有兒童滑水道、烤箱、蒸氣室。另外，園區的景觀餐廳也是不容錯過的景點，「雕之森樹屋餐廳」內有二棵 50 餘年的臺灣楠木，並提供高檔無菜單料理。販賣部則提供多樣化的在地名產：梅子酒、紹興冰棒、童玩等。

1 老榕樹下有土地公廟和木雕創作　**2** 園區遊樂設施　**3** 日式祈福鐘　**4** 藝術造景後方式渡假小木屋
5 SPA 會館按摩池區　**6** 古代樂器　**7** 雕之森樹屋餐廳

Info

- 門票：全票 200 元，幼稚園、國小優待票 100 元，可全額抵消費。SPA 全票 250 元，優待票 150 元。若入住渡假木屋已含門票、SPA 券
- 08：00 ～ 17：00；SPA 館平日 15：00 ～ 22：00，假日 13：00 ～ 22：00；餐廳營業至 21：00
- (049)291-2248
- 南投縣埔里鎮中山路 4 段 1 號
- 國 6 愛蘭交流道約 3 分鐘（備有停車場）
- 兒童遊樂設施

11 草屯鎮 欣隆農場

農場以種植菇類為主，團體可預約導覽菇舍，但並沒有開放給遊客採菇的行程（在商品展售區已有新鮮、豐富的菇類可選購）。戶外的草皮很適合小朋友跑跳，有牛車、丟丟樂。最特別是，農場依山地的地形，自行建構一個蠻具有挑戰性的體能場，需要攀爬、走網繩，適合 5 歲以上的小朋友來探險！

Info
- (049)256-6979
- 全年無休 09：00 ～ 17：00
- 南投縣草屯鎮青宅巷 35 之 21 號
- 國 3 草屯交流道約 8 分鐘（備有停車場）
- 兒童遊樂設施

1 牛車　**2** 攀繩　**3** 丟丟樂　**4-5** 體能場適合 5 歲以上的小朋友來探險

12 草屯鎮 寶島時代村

室內占地5,000餘坪，依四大族群的特色作分類：閩南、客家、原住民、外省人，並搭配早期的建築物規劃成相當古早味的造景。各處還特別設置應景的工作人員，像是廟口有拉胡琴的乞丐、漂亮的理髮小姐、月台售票人員等。在診所的外牆，小朋友可以拿粉筆塗鴉。農村生活有稻殼長廊，並提供大大小小的農具讓小朋友去推稻殼，前方還有一些農村常見的小動物：兔子、小雞、小鴨等。

玩具博物館內除了蒐羅臺灣早期童玩、套圈圈、拍照面具。集集火車站是仿921地震前的日式樣貌，走累了，不妨到戲院前，看早期影片休息一下。館內造景呈現臺灣早期濃濃的古樸風味，不僅非常適合照相，許多應景商店都是有營業的，像是彰化肉圓、民雄肉包、臺中幸發亭冰店、花生潤餅。DIY工藝有捏麵人、燒琉璃、拉龍鬚糖、木屐製作、肥皂印模；到了假日，館外的草鞋墩夜市有多種氣墊遊樂設施，也可以帶小朋友順道遊玩。

Info

- 門票350元，200元可抵消費；3～12歲門票300元，200元可抵消費
- (049)230-5000
- 10：00～18：30，假日提早半小時，週二休村，週二如遇國定例假日及2、7、8月不休村
- 南投縣草屯鎮中正路1039號
- 國3草屯交流道約8分鐘（備有收費停車場）
- 兒童遊樂設施、動物農場、DIY傳統技藝、哺乳室、村長辦公室可以租借嬰兒手推車、輪椅、寵物專用車

1 現場燒玻璃　2 DIY龍鬚糖　3 DIY傳統技藝　4 衛生所內有俏護士　5 仿集集車站　6 火車真的會噴煙喔　7 稻草穀倉

13 中寮鄉 清水國小

在中寮的山林裡面有座森林小學，經 921 校舍倒塌後，以木屋重建，充滿了歐日度假風情。操場旁有大象石坑溜滑梯，還有數座從教室前方延伸的溜滑梯。龍鳳瀑布距此僅五公里，有近年相當熱門的空中步道，可以安排一個中寮鄉半日遊。

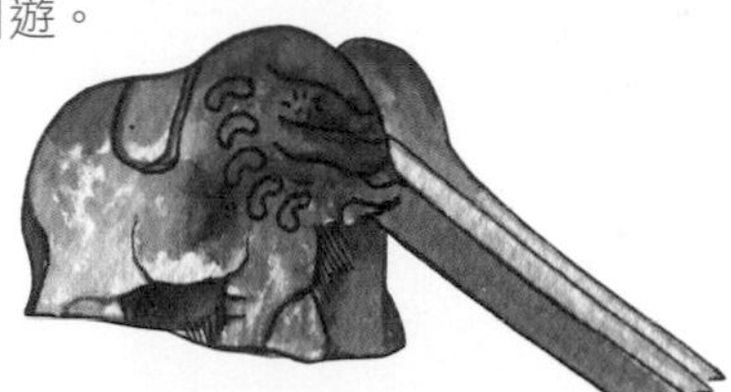

Info
- (049)260-1079
- 平日 16：00 過後，假日、寒暑假開放整日
- 南投縣中寮鄉清水村瀧林巷 3 號
- 國 6 草屯交流道約 30 分鐘（備有停車場）
- 兒童遊樂設施

14 南投市 赤腳精靈

八卦山盛產紅薯、南瓜、鳳梨等農作植物，當地農民經過一天辛勤的耕作後，赤腳踩在紅土上，夕陽拉長農夫的身影，彷彿赤腳精靈般，園區特以此當地鄉間傳說為店名！園區戶外有沙坑、小火車、乾淨的草皮。餐廳販賣窯烤麵包，強調不添加糖、油、改良劑等；園方利用在地食材，精心研發獨特的「窯烤鳳荔酥」，再配上當地特有的「紅土咖啡」，不妨登上觀景台享用，來個悠閒的下午茶吧！

1 地中海風的觀景樓上有蝸牛
2 草皮上的藝術裝置

Info
- (049)223-3666
- 10：00 ～ 21：30，假日提早至 08：00 營業
- 南投縣南投市八卦路 1-1 號
- 國 3 南投交流道約 15 分鐘（路邊停車）
- 兒童遊樂設施

15 南投市 微熱山丘

這間小小的三合院，就是將鳳梨酥揚名國際的發跡總店。不論是大朋友，還是小幼童，店家都免費送上一塊鳳梨酥，還有免費的烏龍茶。在園區的後方有大木棧台有很好的防護措施；假日則化身成為村民市集。

Info

(049)229-2767

全年無休 09：00 ～ 20：00

南投縣南投市八卦路 1100 巷 2 號

國 3 中興交流道約 10 分鐘（路邊停車）

16 南投市 南投酒廠

一抵達南投酒廠的入口處，就會看到超級吸睛的大酒桶，前方的草坪有多種在地盛產水果的大型模型，相當適合愛照相的朋友！館內有體驗室，有多種香氣瓶讓小朋友體驗，地下室是酒窖。視聽室的地板是玻璃，可以看到魚兒在下方水池悠遊，喜歡餵魚的小朋友可以到戶外買飼料，享受餵魚的樂趣喔！

Info

(049)223-4171

全年無休 08：30 ～ 17：00

南投縣南投市軍功里東山路 82 號

國 3 南投交流道約 10 分鐘（路邊停車）

1 入口處的大酒桶　**2** 酒窖

17 南投市 嘚嘚茶語共和複合式餐飲

嘚嘚（ㄉㄟˇㄉㄟˊ）是臺灣人共同的語言，不論是牙牙學語的小嬰兒，或是白髮蒼蒼的老人，都有著共同溫馨的記憶。園區販售臺灣道地的茶飲、咖啡，另有義大利麵、鬆餅。戶外有兒童遊戲區、充氣溜滑梯、騎乘玩具；最特別的是，園區雖然不大，但還有一區可以划小船，相當特別。

Info
(049)224-2097
全年無休 11：00～20：30
南投市府南二路 148 號
國 3 南投交流道約 10 分鐘（備有停車場）
兒童遊樂設施

1 兒童遊樂設施　2 小船

18 南投市 桂花田

逛完著名的微熱山丘後，不妨沿著 139 號公路往上徒步 2 分鐘即可到達新興景點「桂花田糕點主題休閒園區」，這裡主要販賣桂花鳳梨酥、宮廷小點心、手工餅乾、咖啡。戶外有一些吉祥物可拍照，還有露天的休息雅座和免費茶水可以享用。

Info
(049)229-1288
全年無休 09：00～19：00，假日提早一小時
南投縣南投市八卦路 1037-1 號
國 3 中興交流道約 10 分鐘（備有停車場）

19 魚池鄉
和菓森林紅茶莊園

老闆早期承襲了日人的製茶技術，原料採取當地獨特的紅茶品種和日人留下的紅茶園，並自創品牌，遊客們可以在 1 樓的展售區盡情選購。2 樓可以享用精緻下午茶，後方為 DIY 製茶體驗區。

1 園區一景　2 合影處

Info
- 全年無休 9：00 ～ 17：30
- (049)289-7238
- 南投縣魚池鄉新城村香茶巷 5 號
- 國 6 愛蘭交流道約 15 分鐘（備有停車場）
- DIY 製茶體驗

20 魚池鄉
日月潭貓頭鷹之家

緊鄰在和菓森林紅茶莊園旁邊，一進入口，員工便熱情地招待紅茶！園區除了展售日月潭紅茶，還有寬敞的 DIY 教室，利用原木做成各式各樣的貓頭鷹造型文具。

入口處

Info
- 9：00 ～ 18：00，週一公休
- 0930-083839
- 南投縣魚池鄉香茶巷 5 之 1 號
- 國 6 愛蘭交流道約 15 分鐘（備有停車場）
- DIY 貓頭鷹

21 魚池鄉 頭社活盆地金針花

金針花的花期是為夏季，由於早期土地是淤泥，藉由人工填土方式以利植物耕種，因此土地踩起來會有軟軟的感覺唷！若於非開花期前來，也可至附近的活盆地體驗「會動的地板」加上導覽員的解說，可是很難得的戶外地理教學課！

Info

- $ 門票 100 元，可兌換礦泉水一瓶
- 9：00 ～ 17：00
- 0910-896178
- 南投縣魚池鄉武登村協力巷 45-2 號，再依指標到達會場
- 國 6 愛蘭交流道約 30 分鐘（備有停車場）

22 集集鎮 添興窯陶藝村

添興窯建立於 1955 年，是至今仍正常運作的蛇窯，每年 11 月舉辦盛大的柴燒窯活動，其他月分遊客可以進入窯身內參觀，遊客們也可參與 DIY 活動（一般捏陶 260 元，手拉坏 400 元）而展售中心所販售的陶藝品，皆是由此添興窯生產。

Info

- $ 三歲以上門票 50 元，可抵消費
- (049)278-1130
- 全年無休 09：00 ～ 17：30
- 南投縣集集鎮田寮里楓林巷 10 號
- 開車國 3 名間交流道約 15 分鐘（備有停車場）
- DIY 捏陶

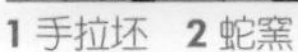

1 手拉坯　**2** 蛇窯

23 集集鎮
親水童年

專為兒童設計的水樂園，有噴水青蛙、水中腳踏車、噴水溜滑梯、灑水隧道，甚至還有特別為 1 歲下以下寶寶設計的彈跳盪鞦韆，水的高度很淺，嬰幼兒皆適合，園區設備相當新穎可愛。淋浴室還備有溫水，建議攜帶泳裝，若無也可以進入池內，嬰兒則需購買防水紙尿褲方能進入。假日傍晚會有水舞秀；冬季親子餐廳持續營業，提供中、西式套餐、火鍋、義大利麵及輕食飲品，大片落地窗讓室內採光非常良好。遊戲區有廚房玩具、球池、跳跳馬、積木；戶外有沙坑、跳床等設施。櫃台押證件可租借玩具，如益智玩具、桌遊、公主裝等。

Info

- $ 1 歲以上兒童票 150 元；成人票 250 元，100 元可抵消費
- 10：00 ～ 17：00，主題餐廳延長至 20：00，週一公休
- (049)276-1177
- 南投縣集集鎮成功路 228 號
- 開車國 3 名間交流道約 15 分鐘（備有停車場）
- 兒童遊樂設施、哺乳室

1 水槍　**2** 刺激的水柱隧道　**3** 翹翹板也是會噴水的喔　**4** 跳床　**5** 可以向櫃台租公主裝　**6** 嬰兒彈跳盪鞦韆　**7** 刺激的大桶子倒水

24 名間鄉 怪物綜合越野場

1 兒童越野車　2 沙灘越野車

園區是中部唯一合法的機車越野場，提供小朋友和大人一個安全的學習、競賽的土坡場地。園區有幼兒滑步車、沙灘越野車、兒童越野車等（租用150元／15分鐘起，包含護具），是個非常難得的體驗，而且有專業的教練指導唷（團體6人以上開教學班，1,800元／3小時）；另外，到了夏季會開放戲水池讓小朋友玩水。餐廳的食材採用自家栽培蔬菜，保證沒有農藥。

Info

- 僅假日開放 8：00～17：00，平日歡迎團體預約
- (049)273-7058
- 南投縣名間鄉出林虎路一段 688 號
- 國3名間交流道約10分鐘（備有停車場）

25 竹山鎮 遊山茶訪 茶文化館

文化館替臺灣的茶葉文化，走向更時尚、精緻的路線。散客入館也可以聆聽到詳細的解說，從採茶、製茶、品茶。館內還有擺放仿古時的木作揉捻機，展現古人精細的智慧。DIY項目可以體驗Q茶球，製作完可以拿來當香包使用（100元／份）。櫃台提供品茶服務，整體環境營造得相當舒適，對於喜愛喝茶的朋友是個很棒的地方！

1 櫃台　2 入口處

Info

- (049)264-3919
- 全年無休 09：00～17：30
- 南投縣竹山鎮延平路 19 號
- 國 3 竹山交流道約 8 分鐘（路邊停車）
- DIY 捻茶

26 竹山鎮 藏傘閣

老闆有感於臺灣市面上的傘良莠不齊，雄心壯志要將臺灣的傘走向精緻化、精品化。散客一入館也可觀看 5 分鐘的介紹影片，會對傘的歷史、企業的沿革有更深入的了解喔！這裡有 LED 傘、老人家最愛的拐杖傘，一物兩用，相當特別，還有臺灣最大的傘也在這邊！從遊山茶訪步行 2 分鐘即可到藏傘閣。

Info
- (049)264-3411
- 全年無休 08：00 ～ 17：00
- 南投縣竹山鎮延平路 10 號
- 國 3 竹山交流道約 8 分鐘（備有停車場）
- 兒童遊樂設施

1 雨傘廊道　2 臺灣最大的傘

27 竹山鎮 車籠埔斷層保存園區

921 大地震發生的主因，有部分學者認為是車籠埔斷層錯動所造成；在這博物館保留了斷層的剖面，並利用互動影音設備，增加遊客們了解斷層的相關知識。還有 3D 影片播放教室。小朋友最熱愛的莫過於數位熱氣球體驗室，機台可選擇臺灣各個知名的山景，模擬熱氣球飛行的模樣，相當逼真，坐久了還真有點頭暈呢！園區還有提供保育類動物「穿山甲」的相關介紹。

1 車籠埔斷層　2 數位熱氣球體驗室

Info
- 門票 50 元
- (049)262-3108
- 09：00 ～ 17：00，週一公休
- 南投縣竹山鎮集山路二段 345 號
- 國 3 竹山交流道約 2 分鐘（備有停車場）
- 兒童遊樂設施

28 竹山鎮 青竹文化園區

一進入園區，會先看長約 20 分鐘的影片介紹，接下來則有專員帶領大家進入深奧的竹林世界。全世界的竹子約有 1,200 種，在這裡就蒐集了超過 100 種的竹子，種類相當繁多，特殊品種會顛覆您對竹子的認知。竹子都是中空的嗎？不！這裡有實心的印度實竹。竹子都是綠色的嗎？不！這裡有紅色的日本紅竹。還有一天就可以長高到 120 公分（最佳記錄）的巨竹，甚至連臺北木柵動物園熊貓吃的竹子，也是產自於此喔！

兒童遊樂區有多種臺灣早期的遊樂設施：鐵製溜滑梯、動物坐騎、旋轉腳踏車等。餐廳則提供獨特餐點：純淨竹炭麵、竹炭冰淇淋、吃得到竹膜的竹筒飯（套餐 380 元）。散客可參與竹編風車、彩繪竹筆筒 DIY（150 元），團體可跳竹竿舞、預約竹葉黃金竹筍包、創意竹盆栽。也可入住隱竹別院竹炭能量屋，騎著單車悠遊在周邊的「小半天與富州休閒農業區」，都是個不錯的選擇！

Info

- 門票 100 元
- (049)262-3928
- 09：00 ～ 18：00，週二、三公休
- 南投縣竹山鎮富州里富州巷 31 號
- 國 3 竹山交流道約 12 分鐘（備有停車場）
- 兒童遊樂設施、DIY 彩繪竹筆筒

1 DIY 彩繪竹筆筒　2 特色竹子美食　3 竹竿舞　4 生態解說在竹林步道　5 兒童遊戲區　6 園區一景

29 竹山鎮
竹山文化園區

園區占地相當廣闊，在博物館的入口處有各式各樣的竹製樂器讓小朋友玩個夠，室內陳列各式各樣的竹製工藝品，很多種都是可以讓小朋友玩的，像是搖馬、東洋竹劍、竹簍。對於喜歡深度旅遊的朋友，不容錯過播放室的影片，相當精彩。地方文化館、地方產業館有各種竹製商品可選購，還有免費的竹筷 DIY、超巨大的竹製搖馬、竹片拼圖。戶外則有各種大型竹製藝品，賞竹步道的路況很好，連幼童都很適合。這裡若細細品味，玩上個半天是沒有問題的！

Info
- (049)266-0192
- 09：00 ～ 17：00，週一公休
- 南投縣竹山鎮硘磘里建國路 742 號
- 國 3 竹山交流道約 15 分鐘（備有停車場）
- 兒童遊樂設施

1 戶外藝術造景　**2** 竹製樂器　**3** 東洋竹劍　**4** 竹製拼圖　**5** 竹製巨大搖馬　**6** 館內展示多種竹製用品

30 竹山鎮 臺灣影城桃太郎村

園區以桃太郎故事為背景，用許多特殊的模型、公仔、屋瓦去打造出日本風味的桃太郎村，並結合臺灣早期復古的街景，此景點適合愛拍照的朋友們。園內多處提供不同的冷熱飲、在地小吃、伴手禮、玩具區。假日有表演可欣賞。

Info

- 門票 200 元，學生票 150 元，110 公分以上未讀國小 100 元
- (049)265-5333
- 全年無休 08：00 ～ 17：00，假日延長一小時
- 南投縣竹山鎮集山路二段 869 號
- 國 3 竹山交流道約 10 分鐘（備有停車場）

1 桃太郎的家　**2** 漁村造景　**3** 惡魔島入口　**4** 商店區　**5** 園區充滿日式風情

彰化

和美鎮
彰化市
花壇鄉
溪湖鎮
埔心鄉
社頭鄉
埤頭鄉
北斗鎮
田中鎮

①探索迷宮歐式莊園餐廳
② HOKA 日式家庭餐廳
③彰化縣立圖書館
④貝林古堡
⑤小品蝸牛生態農場
⑥巫家捏麵館
⑦樂活觀光襪廠
⑧襪仔王觀光工廠
⑨一元積木
⑩愛玩色創意館
⑪中興穀堡
⑫彰化百寶村
⑬三春老樹稻田彩繪

和美鎮
探索迷宮歐式莊園餐廳

園區外觀建築相當氣派，園內更是處處呈現迷人的歐式風情！看起來美輪美奐的水池，可以讓小朋友下去戲水，後方還有個灌木叢迷宮。綠油油的草地上有射門網，可至櫃台租借足球；園區共有5個沙坑，可以讓小朋友玩得很盡興，但因為假日人潮洶湧，建議要提早預約；另外，如果是在秋冬季節前來，還能觀賞到轉紅後的落羽松。

Info
- $ 門票150元，100公分以上兒童票100元，可抵消費
- 全年無休10：00～21：00，假日提早至9：00
- (04)735-4126
- 彰化縣和美鎮東谷路47-75號
- 國1王田交流道約10分鐘（備有停車場，在農會後方）
- 兒童遊樂設施、哺乳室

1 歐式莊園　**2** 落羽松　**3** 足球　**4** 沙坑　**5** 建築外觀　**6** 園區一景

2 彰化市 HOKA 日式家庭餐廳

這裡有非常夢幻的幸運石沙坑（入內需著襪），色彩繽紛的石英，散發出迷人的光彩，不只小朋友樂翻天，爸媽也忙於拍照留念；如果來這裡抓週、慶生的小朋友，館方還會特別貼心準備應景小道具，讓壽星免費拍攝。本館 2 樓為美術教室，與餐廳是分開經營的，有興趣的朋友不妨私洽：力米茲美術教室（04）726-3077。

幸運石沙坑

Info

- $ 大人低消 180 元，1 歲以上小朋友低消 150 元
- 11：00 ～ 14：30，17：00 ～ 20：30，假日 10：30 ～ 20：30，週二公休
- (04)729-2201
- 彰化縣彰化市仁愛路 137 巷 36 號
- 國 1 南屯交流道約 25 分鐘（路邊停車）
- 兒童遊樂設施

3 彰化市 彰化縣立圖書館

坐落於大佛風景區山腳下的圖書館，2 樓為兒童閱讀區，設計相當童趣活潑，藏書豐富，還有嬰幼兒閱讀專區，適合一家大小到此來度過溫馨的閱讀時光！

Info

- 09：00 ～ 17：00，週一公休
- (04)729-2201
- 彰化縣彰化市中山路二段 500 號
- 國 1 南屯交流道約 25 分鐘（備有付費停車場）

1 2 樓兒童閱讀區　**2** 兒童閱讀區一隅

4 埔心鄉 貝林古堡

店家採用高級鮮奶油等，搭配 256 層的酥脆塔皮，有最道地的葡式蛋塔，還研發出多種口味：抹茶紅豆、沖繩黑糖、養生竹炭等，老闆非常大方地讓遊客們試吃唷！露天雅座旁提供免費咖啡，對面的教堂有兔子，可以順道帶小朋友去觀看。建議旅客先預訂，以免白跑一趟。

Info

- 9：00 ～ 17：00，週二公休
- (04)828-4156
- 彰化縣埔心鄉羅厝路二段 29 號
- 國 1 埔心交流道約 3 分鐘（路邊停車）

1 露天雅座　2 蛋塔有多種口味

1 蝸牛主題館　2 DIY 蝸牛黏土

5 溪湖鎮 小品蝸牛生態農場

是臺灣第一個以蝸牛為主題的生態農場。一進入口，映入眼簾的是大片菜田，原來是戶外的蝸牛養殖場；生態館有介紹蝸牛的相關知識、標本，隨著專業的導覽，是個非常寓教於樂的行程唷！親子 DIY 區則可製作造型蝸牛黏土，每份 150 元。販售區以蝸牛的保養品為主，相當特別！逛完不妨到餐廳享用玉螺料理，玉螺就是創辦人經過不斷的配種，得到最優良品種的白玉蝸牛！

Info

- 全年無休 9：00 ～ 21：00
- (04)892-6088
- 彰化縣溪湖鎮環河路一段 170 號
- 國 1 埔心交流道約 10 分鐘（備有停車場）
- DIY 蝸牛黏土

溪湖鎮 6 巫家捏麵館

一進入館內即有專業人員導覽，介紹展示館內各種捏麵人背後的有趣故事，有壯觀的模擬廟會、超級精緻微小的捏麵人、還有擺放早期不加明礬的捏麵人，如今已風化，所以十分脆弱。DIY 黏土一盤 150 元，旁邊有小盒裝的捏麵教學步驟可參考，造型多樣，有青蛙、大象、企鵝、大頭狗等，只要盤子放得下，都可以做做看。教室後方有親水草坪。每年約 10 月分舉辦免費的捏麵比賽，三歲以上即可參加。

Info
- 全年無休 10：00 ～ 17：00
- (04)885-0227
- 彰化縣溪湖鎮彰水路四段 439 巷 151 號
- 國 3 埔鹽交流道約 8 分鐘（備有停車場）
- DIY 捏麵人

1 DIY 教室後方的親水草坪　**2** 教學步驟盒

社頭鄉 7 樂活觀光襪廠

社頭、田中一帶，是臺灣早期製襪重鎮，隨著產業的落寞，目前所剩無幾。然而在董事長的堅持下，成立的觀光襪廠，期待賦予產業新生命。館內主要分為兩層樓，1 樓為商品販售區和 DIY 區，2 樓為產業的歷史沿革，還可看到早期的手搖織襪機！在相距約 2 公里處還有另外一間「襪仔王觀光工廠」，不妨順道一遊。

DIY 襪子娃娃

Info
- 全年無休 09：00 ～ 18：00
- (04)872-0522
- 彰化縣社頭鄉中山路一段 465 號
- 國 1 員林交流道約 15 分鐘（備有停車場）
- DIY 襪仔娃

8 田中鎮 襪仔王觀光工廠

起初工廠為各大知名廠牌代工，而後更自創品牌，除了致力達到國際品牌的水準，近期更開發可觸控螢幕的手套、去角質襪子等相關產品。展售區提供適合各個年齡層的好質感棉襪，還有擺放不同時代的織襪機。DIY 簡易襪仔娃 80 元，也可挑戰進階、專業的襪仔娃！

Info

- 09：00 ～ 18：00，假日延後半小時營業
- (04)874-9909
- 彰化縣田中鎮員集路三段 440 巷 16 弄 1 號
- 國 1 員林交流道約 20 分鐘（備有停車場）
- DIY 襪仔娃

1 入口處　2 入口處的公仔

9 田中鎮 一元積木

工廠在生產各式木器的同時，常會製造一些無用的小木塊，店家便將這些原本要廢棄的木塊再加工、去稜角，蛻變成各式形狀的小積木！每個都只要一元！販售區還有其他多種木製玩具，所塗上的漆也是採用無毒的環保漆。在家長瘋狂選購的同時，小朋友也可以在旁邊的遊戲區安全的遊玩。

Info

- 僅假日營業 10：00 ～ 17：00，不定期公休，請上粉絲團查詢
- (04)875-5822
- 彰化縣田中鎮中州路 2 段 963 巷 430 號
- 國 1 北斗交流道約 20 分鐘（備有停車場）

1 遊戲區　2 一元積木

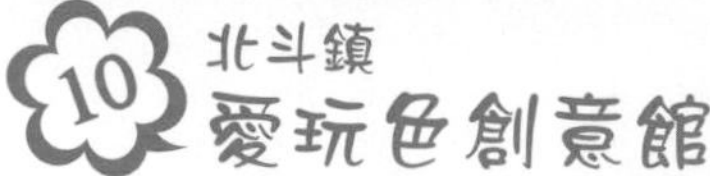

10 北斗鎮 愛玩色創意館

御麟企業是臺灣早期生產膠水的大廠，爾後致力研發無毒系列的彩繪顏料，並通過各項嚴格的檢驗，像是無粉塵的液態粉筆。創意館提供全程導覽，約 100 分鐘，除了一開始的企業歷史沿革，還有互動故事、親子塗鴉、調色介紹。重頭戲當然是 DIY 神奇彩繪創意貼，可以隨意貼於光滑的物體表面並重複使用，課程 100 元起！販賣部還有很多新奇的顏料，像是布作彩繪、3D 發泡、螢光系列，可以買回家自行塗在衣物、指甲等；園區還有販售飲料、雞蛋糕等。

Info

- $ 純導覽 100 元，三歲以下免門票。需事先電話預約
- 9：00～17：00，週一公休
- (04)888-6016
- 彰化縣北斗鎮三號路 296 號
- 國 1 北斗交流道約 6 分鐘（備有停車場）
- 兒童遊樂設施、DIY 課程、哺乳室

1 園區色彩繽紛的外觀　**2** 親子塗鴉　**3** 互動故事
4 警報響了！大家快從洞口逃生吧！　**5** 彩繪神奇創意貼
6 展售區

埤頭鄉
中興穀堡

稻米博物館由以生產中興米聞名的聯米企業所設立。1 樓為穀色穀香精品館，有多種米的周邊商品，如：米麩、米香，並注入文創包裝，價錢不便宜，但很適合當伴手禮。2 樓為展覽場，有豐富的米文化介紹和影片播放室；園區戶外可以看到放養雞隨處散步。館內的 DIY 內容有逗趣飯糰、來包米（彩繪包裝米）等，活動依現場為主。

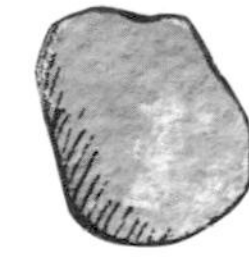

Info

- $ 門票 100 元，120 公分以下之兒童票 50 元，可全額抵消費（餐廳提供套餐，290 元起）
- 9：00 ～ 17：00，週一公休
- (04)892-6088
- 彰化縣埤頭鄉彰水路二段 526 號
- 國 1 北斗交流道約 10 分鐘（備有停車場）
- DIY 米課程

1 稻米博物館　2 穀色穀香精品館　3 米牆藝術展　4 商品相當豐富可愛　5 米的相關知識　6 2 樓為展覽場

12 埤頭鄉 彰化百寶村

外觀亮眼的的百寶村，經由 Lu's 繪畫的主角「達達」與「妃妃」，將農會旁的老穀倉改造成超級吸睛的物產館。穀倉雖不大，卻集結彰化各個縣市的農特產，如鹿港糕點、二林美酒，加上精緻的包裝，絕對適合當伴手禮，價錢也相當親民，還有陪著大家長大的小美冰淇淋，也是在彰化設廠，展場有大尺寸的冰淇淋，讓大家拍照留戀喔！

Info

- 9：00～17：00，假日延長至 18：00，週二公休
- (04)892-3339
- 彰化縣埤頭鄉斗苑西路 92 號
- 國 1 北斗交流道約 3 分鐘（備有停車場，農會後方）
- 兒童遊樂設施、爬行區

1 室內有兒童遊戲區　2 百寶村外觀

13 花壇鄉 三春老樹稻田彩繪

此地曾經因麥香紅茶的廣告一炮而紅，當年的茄苳老樹依然健在，花壇鄉公所近年特別設計了稻田彩繪，讓小鎮又恢復當年遊客如織的超人氣！稻田彩繪的主角，採用花壇鄉特產：茉莉花、竹筍，和復育成功的螢火蟲為主要圖騰。附近步行約 2 分鐘有家特色餐廳：香玫園，園區內有溜滑梯和玫瑰花可免費參觀。

Info
- 每年 8 ～ 10 月份
- (04)786-5921（可洽詢花壇鄉鄉公所）
- 彰化縣花壇鄉長春村油車巷
- 國 3 快官交流道約 15 分鐘（備有停車場）

1 茄苳老樹已逾 200 歲　2 稻田彩繪

雲林

①紅螞蟻生態世界
②摩爾花園
③菓風巧克力工房
④花卉研究中心
⑤親水公園
⑥他里霧文化園區
⑦ iicake 雲林蛋糕毛巾咖啡館
⑧源順芝麻觀光油廠
⑨樂米工坊
⑩千巧谷牛樂園牧場
⑪悠紙生活館
⑫晁陽綠能園區

1 廣大的草原　2 荔枝園內有樹屋雲　3 樹屋
4 樹屋的上方是透明的玻璃

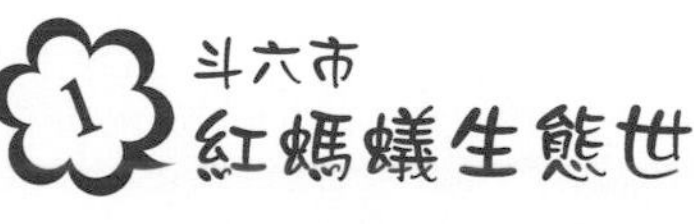

1 斗六市 紅螞蟻生態世界

斗六最大的後花園，2016 年誕生在湖山水庫旁邊。這裡占地相當廣闊，生態非常豐富，最令人嘆為觀止的是每年清明節過後 3,000 顆綻放的蝴蝶蘭！夏季則有鳳蝶壯觀飛舞的畫面，建議事先預約，老闆會來一場深入的導覽。園區復育重點還有蜻蜓，蜻蜓可是蚊子的天敵，難怪園區蚊子並不這麼洶湧，加上入園即贈送一瓶天然的防蚊液「麻油」，完全不用怕被叮的滿頭包。

小朋友可以到生態池撈蝌蚪，並在聆聽老闆教導如何正確的飼養後，就可以把蝌蚪帶回家。園區後方還有親山步道，約 30 至 40 分鐘。縱使園區生態豐富，然而在這邊是看不到紅螞蟻的喔！原來「紅螞蟻」是老闆的綽號啦！園區擁有上百顆粗大的荔枝樹，這裡最吸睛的莫過於蓋在荔枝樹上的「樹屋」，樹屋的天花板是透明的玻璃，晚上還可以繼續觀賞夜行性動物！雖然樹屋內沒有冷氣，但作者於 7 月來住上一晚，涼快到連電風扇都不用開，重點是，這裡的床鋪是採飯店等級，價格卻比民宿還便宜，平日 2 人房才 1,000 元，假日不加價，另外還有露營區。

Info
- 門票 150 元，100 元可抵餐券
- 全年無休 09：00 ～ 16：00
- 0910-378350
- 雲林縣斗六市湖山里檨仔坑 73-1 號
- 國 3 斗六交流道約 10 分鐘（備有停車場）

2 斗六市 摩爾花園

西班牙建築大師高第曾說：「直線屬於人類，曲線屬於上帝」，其終其一生的建築作品，都在追求充滿生命力的曲線；摩爾花園呈現濃濃地西班牙異國風情的園區，顯眼亮麗的外觀，讓人會不由自主地停下觀賞一下。建築師是安宇民與周志榮，臺中的新社花園和雲林的童心園（詳見《小腳丫遊臺灣》P155），也是這兩位建築師的傑作！據說這裡的建材，可是埋在土裡 10 年，再挖出來，這種特殊的韻味，難怪是攝影愛好者絕佳的取景場所。

Info

- 平日低消 450 元／人，假日低消 500 元／人，可購買參觀票 100 元，可抵消費
- 平日 11：00 ～ 14：00，17：30 ～ 20：00，假日下午不休息，週三公休
- (05)537-8718
- 雲林縣斗六市引善路 123 號
- 國 3 斗六交流道約 8 分鐘（備有停車場）

1 庭院　2 美麗的走廊　3 顯眼亮麗的外觀
4 圍牆的窗花也非常美麗　5 碉堡

斗六市 菓風巧克力工房

菓風小舖繼宜蘭的菓風糖果工坊，於 2015 年在雲林又打造出全新的休閒園區。本處主打 DIY 巧克力，建議提前預約；販賣部除了固有的糖果專賣店，還有馬卡龍、義大利麵；戶外有浪漫造景、魚池、生態步道、兒童沙坑。

Info
- 11：00 ～ 19：00，假日提早至 10：00
- (05)770-9959
- 雲林縣斗六市文化路 646 巷 137 號
- 國 3 斗六交流道約 10 分鐘（備有停車場）
- 兒童遊樂設施、DIY 巧克力

1 園區一景　2 兒童沙坑

古坑鄉 花卉研究中心

隸屬於行政院農委會的花卉研究中心，不起眼的外觀，加上平時並無外開放參觀，這裡可謂連在地人都不知道的祕境喔！園區於過年期間，才會開放讓大家進入賞花，在入口處的右手邊，即是一片景觀花卉園地，後方則是花海區；左手邊有涼亭和生態池塘，喜愛花卉的朋友，千萬別錯過這個一年才開放一次的祕境唷！

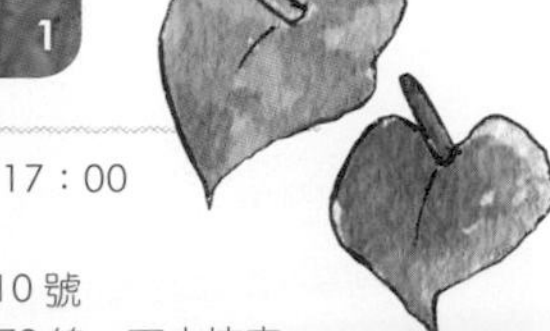

Info
- 農曆過年期間 9：00 ～ 17：00
- (05)582-0822
- 雲林縣古坑鄉麻園村 1-10 號
- 開車國 3 接快速道路臺 78 線，下古坑交流道約 6 分鐘（備有停車場）

1 海芋　2 百花園

親水公園

5 西螺鎮 親水公園

緊鄰舊西螺大橋，有座親水公園，深度很淺，連幼兒都可以下去！

Info
- 夏季限定 14：00 以後開始噴水，週一及週四會清理水池並消毒。
- 雲林縣西螺鎮大橋路西側的西螺 2-3 計畫道路上
- 國 1 北斗交流道約 10 分鐘，路邊停車
- 兒童遊樂設施

6 斗南市 他里霧文化園區

園區坐落在斗南火車站旁，主要區分成五大館：繪本館、漫畫館（內有動畫製作教學）、68 電影館、環境教育館（藉由互動遊戲體驗，讓小朋友學習環保的觀念）、生活美學館。這裡除了相當寓教於樂，也不失為下雨或避暑的好去處。

Info
- 09：00 ～ 18：00，週一、二公休
- (05)596-2570
- 雲林縣斗南鎮南昌路 27 號
- 國 1 斗南交流道約 8 分鐘（路邊收費停車）
- 爬行墊、哺乳室

1 繪本館　2 環境教育館

7 虎尾鎮
iicake 雲林蛋糕毛巾咖啡館

外觀大氣又顯眼的地中海建築，以生產品質優良的精品毛巾著名，甚至還有獨家代理小丸子毛巾。2 樓的 DIY 教室，可選擇造型毛巾（動物、霜淇淋），或是毛巾印花（自行染印），兩者皆 150 元。園區還有販售咖啡、厚片、冰品。開車約 2 分鐘可到達雲 73-1 鄉道，這條路上有不少親子庭園餐廳如「艾斯米庭園餐廳」。

Info
- 全年無休 10：00 ～ 18：00
- (05)633-6728
- 雲林縣虎尾鎮光復路 2 號
- 國 1 斗南交流道約 4 分鐘（備有停車場）
- DIY 課程

1 玻璃地板下方有擺飾　2 DIY 毛巾印花

8 土庫鎮
源順芝麻觀光油廠

現今市面上油品很多，而源順公司特地研發發芽芝麻油，確保每顆芝麻都具有發芽能力，代表是採用新鮮芝麻下去榨成的優良油品。園區還有數位互動機器，遊客們可以將不同的油罐放到機台，機器就會顯示油品正確的使用方式，像是花生油是低溫用油，麻油是中溫用油等相關知識。可預約 DIY 冷壓芝麻油瓶裝（150 元）、熟芝麻粒瓶裝（100 元）。廠內還有蓋印的闖關遊戲，完成蓋印後可兌換小禮物一份。

館內一景

Info
- 全年無休 9：30 ～ 17：30
- (05)662-2574
- 雲林縣土庫鎮成功路 1-62 號
- 臺 78 線虎尾交流道約 6 分鐘（備有停車場）
- 兒童遊樂設施、DIY 課程

導覽室

Info

10：00～18：00，每月第二、四個週一公休
(05)662-6009
雲林縣土庫鎮建國路 35 巷 3 號
國 1 斗南交流道約 4 分鐘（備有停車場）
DIY 課程

9 土庫鎮 樂米工坊

傳承三代的碾米廠，現今研發由「米」取代「澱粉」的米糕點。像是米馬卡龍、深受小朋友喜愛的一口酥。旁邊還有間小型的導覽室，布置得相當可愛；長廊玻璃屋，可以喝下午茶、吃甜點；也可預約 DIY 課程，如彩繪糖霜餅乾、米餅乾、杯子蛋糕；另外，園區還免費供應玄米茶可以享用。

10 崙背鄉 千巧谷牛樂園牧場

顯眼的繽紛童趣外觀，在雲林鄉間可說是超人氣景點！入場免門票，有沙坑、乳牛飼養區，園區處處有可愛的牛公仔，是熱門的拍照新興地！餐飲部分當然也特別運用了大量的鮮奶，伴手禮區也是超級好買！

Info

全年無休 9：00～19：00，假日延後一小時休店
(05)696-9845
雲林縣崙背鄉羅厝村東興 182-32 號
國 1 虎尾交流道約 20 分鐘（備有停車場）
兒童遊樂設施、動物農場、哺乳室

1 園區一景　2 乳牛飼養區

11 崙背鄉
悠紙生活館

五棵樹可以製成一張桌子，然而只需用一棵樹做成的紙漿，卻可製成五張紙桌子。悠紙生活館，利用紙漿創造出許多令人意想不到的創意作品，有紙搖馬，150 公斤以下的大、小朋友皆可以乘坐！還有很多紙藝作品可以 DIY，例如：飛機、火車。2 樓的兒童遊戲區，相當舒適，提供多種紙製兒童遊樂設施，像是大象溜滑梯、紙箱屋、紙製餐廚玩具、瓢蟲翹翹板。主建築的側邊還有一個沙坑。

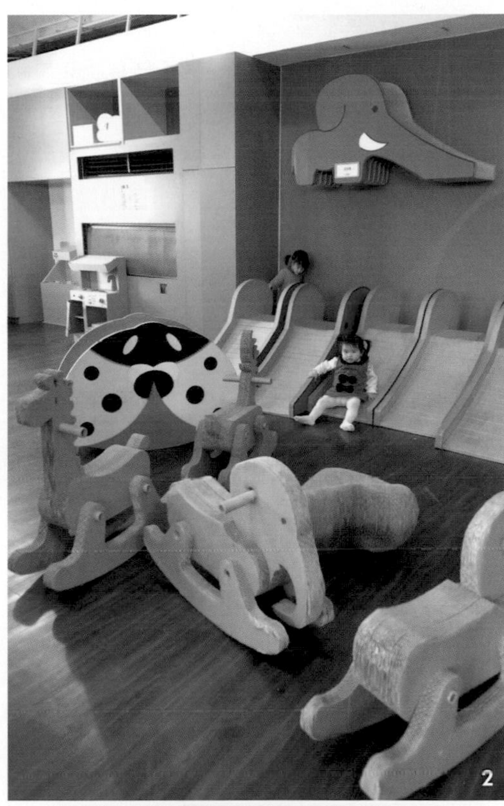

Info

- $ 門票 50 元，可全額抵消費（園區有提供簡餐、下午茶，110 元起）
- 全年無休 9：00 ～ 17：00
- (05)696-5828
- 雲林縣崙背鄉南光路 390 號
- 國 1 虎尾交流道約 20 分鐘（備有停車場）
- 兒童遊樂設施、爬行區、DIY 課程、哺乳室

1 商品展示館　2 兒童遊戲區　3 園區一景

12 麥寮鄉
昇陽綠能園區

園區有專業的解說，帶領大家認識太陽能、綠能源，還有販售以太陽能驅動的兒童玩具車。2 樓是蟋蟀館，有實體的養殖箱，從幼蟲、成蟲、交配，都可觀察到其生態，還有專業的影片，讓大家更深入地認識蟋蟀。建議參加園區半日遊的行程（550 元／人），可以自採香菇、有機蔬菜，再切碎包水餃，最後當場煮來吃！此外，還有 DIY 課程，如菇類太空包製作、草頭寶寶。

園區另有住宿、婚宴會場的服務；園區的 DM 設計的相當特殊，除了地圖展館資訊，還特別設計成大富翁桌遊的樣式，相當別出心裁。園區對面還有一個金爐觀光工廠，免費進入，內部陳色古色古香，還可以觀看金爐的製作過程。

Info

- 門票 150 元
- 全年無休 9：00 ～ 18：00
- (05)693-8238
- 雲林縣麥寮鄉興華村興華路 32 號
- 臺 78 線往元長交流道約 13 分鐘（備有停車場）
- 兒童遊樂設施、爬行區、DIY 課程

2

3

4

5

1

6

1 大門入口　2 園區鮮艷的外觀　3 兒童遊戲區　4 蟋蟀館　5 婚宴會場　6 金爐觀光工廠

嘉義

民雄鄉
梅山鄉
六腳鄉
東石鄉
嘉義市
朴子市
水上鄉

①檜意生活村 借問站
②愛木村
③勤億蛋品夢工場
④月影潭心
⑤嘉義公園
⑥橫山屏休閒園區
⑦熊大庄森林主題休閒園區
⑧庄腳所在農村文化園區
⑨余順豐花生觀光工廠
⑩船仔頭藝術村
⑪北回歸線太陽館
⑫白人牙膏觀光工廠
⑬蒜頭糖廠蔗埕文化園區
⑭二三五新樂園

嘉義市
1 檜意生活村 借問站

看似小小公園的生活村，其實仔細逛下來安排個半天還可能不夠用喔！園區前身為日治時期的官舍。有伴手禮、在地文創，相當好買。另外還有不少展場，例如玩具博物館（入內參觀需額外購票 100 元）、知名的《KANO》電影中的近藤教練宿舍便是在這取景（入內參觀需額外購票 30 元）！

Info
- 全年無休 10：00 ～ 18：00
- (05)276-1601
- 嘉義市東區林森東路 1 號
- 國 1 民雄交流道約 20 分鐘（備有停車場）

3

1

2

4

1 檜意生活村 **2** 柑仔店 **3-4** 北門森鐵故事館

色彩繽紛的入口處

嘉義市
2 愛木村

園區已是超過半個世紀的檜木製材廠，經過轉型後，充滿童趣風的入口處，令人不禁會多看一眼。館內也詳細地介紹臺灣檜木的產業，並利用一些互動設施，增加小朋友的學習興趣，並可另外付費體驗木工 DIY。

Info
- 3 歲以上門票 50 元，20 元可抵消費
- 全年無休 09：00 ～ 17：30
- (05)232-2441
- 嘉義市東區文化路 909-3 號
- 國 1 民雄交流道約 12 分鐘（備有停車場）
- 木工 DIY

1 入口處　2 館內一景

3 嘉義市 勤億蛋品夢工場

勤億蛋品是臺灣目前最大的蛋品公司，不論是在飛機上、王品餐飲集團、鼎泰豐餐飲店等，都可吃得到勤億新鮮的雞蛋！勤億在嘉義山社設立人道的放養雞牧場，並在飼料中添加多種營養素。館內不大，但販售區相當好買，有蛋捲、戚風蛋糕、茶葉蛋。珍貴的滴雞精，是採用 18 個月的老母雞，每隻雞只能滴四包，在這絕對可以買到比其他通路便宜很多的價錢！

Info
- 全年無休 08：30 ～ 17：00
- 0800-091-888
- 嘉義市西區新民路 35 號
- 國 1 嘉義交流道約 15 分鐘（備有停車場）

4 嘉義市 月影潭心

坐落在蘭潭風景旁的藝術造景，出自王文志先生之手，採用了大量的鋁片，設計出縷空的橋墩，人們可以走上去一探究竟，欣賞湖面風光。夜晚點燈後，呈現完全不一樣的風景，唯獨假日人潮絡繹不絕，較難悠哉地走到橋上欣賞風景。

藝術造景

Info
- 嘉義市東區鹿寮里紅毛埤 187-4 號
- 國 3 中埔交流道約 8 分鐘（路邊停車）

5 嘉義市 嘉義公園

位於嘉義公園內，設計外觀靈感來自於阿里山神木；上樓需門票，11 樓是景觀咖啡廳，360 度透明玻璃環繞，有低消限制；12 樓是空中花園，視野相當好，可看到整個嘉義市區。公園內也有不少古色古香的造景，相當適合拍照。

Info
- 上樓門票 50 元，半票 25 元
- 09：00 ～ 17：00，假日延長至 21：00，週一、二公休
- (05)275-1357
- 嘉義市東區公園街 46 號
- 國 1 斗南交流道約 4 分鐘（備有停車場）
- 兒童遊樂設施

1 射日塔　2 古色古香的公園　3 造型溜滑梯

6 梅山鄉 橫山屏休閒園區

玉虛宮所屬的山坡地，原已閒置多年，經規劃後，成為休閒踏青的好去處，尤其是每年約五月初到六月底，是金針花的開花期，金針花開滿整個山坡，非常美麗；記得到此來賞花的遊客，請走在步道上，勿踐踏柔嫩的花朵。另外，這邊小黑蚊非常凶猛，強烈建議做好防蚊準備。

金針花海

Info
- 嘉義縣梅山鄉中山路 72 號
- 國 3 梅山交流道約 5 分鐘（路邊停車場）

雲林
嘉義
臺南
高雄
屏東

民雄鄉

熊大庄森林主題休閒園區

園區以可愛的熊公仔為主軸，有超夢幻的咖啡城堡；室內也以森林為概念，非常適合拍照，只不過不論平、假日，人滿為患，拍照時間並不是很充裕喔！園區後方有明亮寬敞的美容保養品區，並非常大方提供試用；玻璃屋提供平價速食餐點。

Info

週一：8：30～20：30，
週二：8：00～17：30，
週三～週六：8：30～20：30，
週日：8：00～17：30

(05)221-3799

嘉義縣民雄鄉工業二路 17 號

國 1 民雄交流道約 10 分鐘（備有停車場）

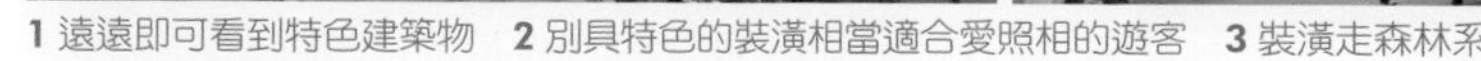

1 遠遠即可看到特色建築物　**2** 別具特色的裝潢相當適合愛照相的遊客　**3** 裝潢走森林系風格　**4** 拍照區的布景
5 明亮寬敞的展售區

民雄鄉
⑧ 庄腳所在農村文化園區

園區僅距熱鬧非凡的熊大庄約 2 分鐘車程，但此處卻又回復到民雄鄉那種特有的純樸寧靜。小而美的公園內，有大小如椅子般的象棋、24 節氣竹籤、古樸的牛拉車、拱廊步道、廢棄物製成的環保小鴨。

1 公園小而美　2 公園一景

Info

0919-640-655

嘉義縣民雄鄉興南村下洋仔

離開熊大庄第一停車場後，於田間小路向右轉，沿著民雄鬼屋指標前進，約 2 分鐘即可到達

東石鄉
⑨ 余順豐花生觀光工廠

採用在地的花生，製成花生油、花生糖、還有多樣在地商品可選購。即使已到了機械化的年代，工廠還是堅持第一道手續「請阿嬤來篩選花生」，以確保品質。並且提供導覽，讓遊客可深入了解花生採收、加工及銷售的流程。歷史長廊裡，有擺放多款古老的農具：圓擔、牛車、竹簍等。園區有多款印章，喜歡蓋印的朋友可別錯過囉！鄰近船仔頭藝術村，開車約 2 分鐘即可到達。

1 館內一景　2 館內販售古早味商品

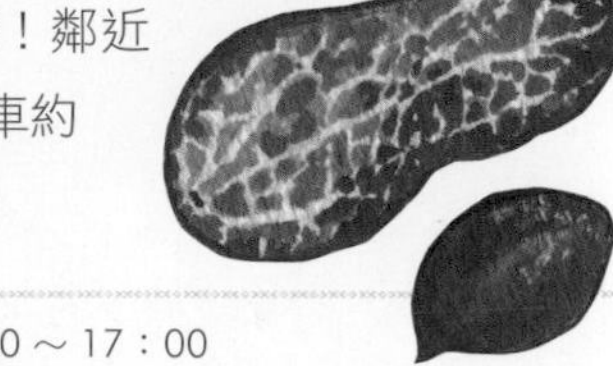

Info

全年無休 08：30 ～ 17：00

0800-088-662

嘉義縣東石鄉蔦松村湖底路 20-28 號

臺 82 線朴子交流道約 6 分鐘（路邊停車）

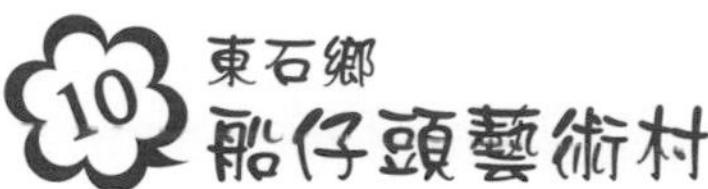

10 東石鄉 船仔頭藝術村

經過十多年自發性推動農村社造，船仔頭藝術村提供完備的農業休閒活動。團體可預約划龍舟、焢窯、獨木舟、牛車、外傘頂洲看蚵棚、DIY農村料理，或是騎單車悠閒地在農村遨遊。晚上可入住三合院民宿，一人只要 500 元，好客的民宿老闆，還會當日特別到東石買新鮮的帶殼生蚵，讓遊客吃到飽，大啖美食！

Info
- 全年無休
- (05) 370-2667
- 嘉義縣東石鄉蔦松村船仔頭 1 之 5 號
- 臺 82 線朴子交流道約 8 分鐘（路邊停車）

1 焢窯　2 划龍舟　3 樹下有盪鞦韆　4 烤帶殼生蚵　5 民宿周邊皆是古樸的三合院　6 外牆彩繪

11 水上鄉 北回歸線太陽館

此處最初建立於 100 年前，並於 2004 年增建太陽館。館內 1 樓、2 樓有特展，3D 電影院，每日有多個場次，每次 30 分鐘。5 樓的探索廳特別適合小朋友，像是玻璃地球儀上的磁粉，就算拍落，還是會不停地自動吸附；還有多種光學操作儀器。戶外有傳聲筒，夏天會開放八大行星戲水區。

Info

- 09：00 ～ 17：00，夜間燈光秀：18：00 ～ 22：00 週一公休
- (05)286-4905
- 嘉義縣水上鄉鴿溪寮 21 之 25 號
- 國 1 水上交流道約 10 分鐘（備有停車場）

1 八大行星戲水區　**2** 地球儀會自動吸附磁粉　**3** 免費 3D 電影院　**4** 傳聲筒，後方是主題館　**5** 星座介紹區　**6** 太空介紹區

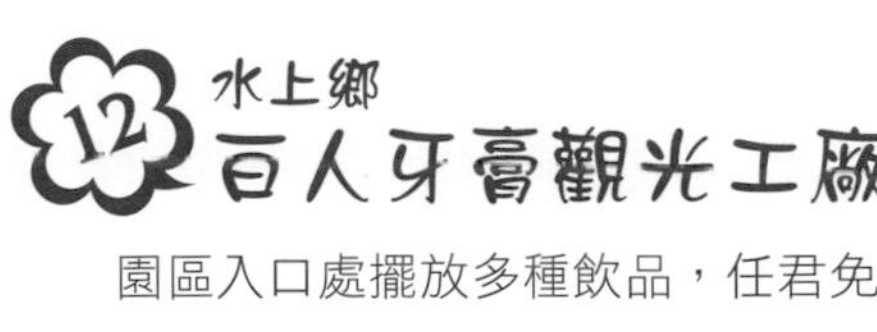

12 水上鄉 百人牙膏觀光工廠

園區入口處擺放多種飲品，任君免費飲用，有咖啡、汽水，甚至還有黑糖薑母茶，真的是非常大氣！園區擺設古色古香，陳列董事長多年來蒐集的中國古董、18 層地獄蠟像館、各個朝代歷史人物的簡介看板。跟著導覽走，來就送一條牙膏，答對問題，再加贈小禮物喔！ DIY 牙膏，會先在簡易攝影棚拍照，再印刷到牙膏條上，瓶裝兒童牙膏，即完成獨特的牙膏喔（3 條 200 元，5 條 300 元）！

Info
- 全年無休 08：30 ～ 16：30
- (05)260-5858
- 嘉義縣水上鄉十一指厝 144 號
- 國 1 水上交流道約 6 分鐘（備有停車場）
- DIY 牙膏、哺乳室

1 館外的噴泉　2 入口處兩旁有水牆　3 古董桌椅讓遊客可親身體驗　4 園區擺設古色古香　5 18 層地獄蠟像館
6 在簡易攝影棚拍照後，再將照片印刷到牙膏上

13 六腳鄉
蒜頭糖廠蔗埕文化園區

來到糖廠，除了吃冰、坐小火車（全票 100 元，115 以上公分兒童票 50 元），還有小朋友絕對不能錯過的小板車，坐一次 50 元，可以體驗自己操作手拉桿，還有挑戰如何掉頭轉向！可租單車、四輪篷車在附近來個悠閒的農村之旅（假日可付費觀賞綜藝 Show）。

嘉義著名的板陶窯

Info
- 全年無休 09：00 ～ 17：30
- (05)380-0735
- 嘉義縣六腳鄉工廠村 1 號
- 國 1 嘉義交流道約 15 分鐘（備有停車場）
- 兒童遊樂設施

14 朴子市
二三五新樂園

以獨特的溜滑梯造型而聞名的公園，有樹蛙、黑面琵鷺造型的溜滑梯，還有藍腹鷴平衡橋設施，這裡不只讓小朋友玩得開心，也相當富有教育意義，充分呈現嘉義獨特的生態特色。

Info
- 嘉義縣朴子市小槺榔二路
- 國 1 嘉義交流道約 20 分鐘（備有停車場）
- 兒童遊樂設施

1 樹蛙溜滑梯　2 黑面琵鷺溜滑梯

臺南

①南元花園休閒農場
②蕭壠文化園區
③南瀛天文教育園區
④走馬瀨農場
⑤善化糖廠
⑥善化啤酒廠
⑦和明織品文化館 HMTM
⑧七股鹽山
⑨黑面琵鷺生態展示館
⑩古寶無患子
⑪樹谷生活科學館
⑫菜寮化石館
⑬瓜瓜園觀光工廠
⑭警察故事屋兒童的派出所
⑮土溝農村
⑯臺灣咖啡文化館
⑰大正製麵（馬家關廟麵）

1 柳營區
南元花園休閒農場

園區占地相當廣闊，大樹成蔭，除了青青草原上的投幣式遊樂設施和人力車，其他設施如釣青蛙、坐渡輪等都是免費暢遊；臺灣島親水區有划竹筏，水不深，即使幼童掉落也不會有事，因此建議大人小孩都須多準備一套換洗衣物喔！可愛動物區內有多種動物住在一起：兔子、梅花鹿、迷你豬、山羊等，遊客們可以進入摸摸小動物喔，不過此區有時間限制，只到晚上五點；另外在巨竹林旁還有象龜、山羌等動物可觀賞。

黃金沙灘旁邊有日式神社造型的盪鞦韆；兒童遊樂場有數座溜滑梯、動物島上住著長臂猿、布拉曼牛（白色大牛）、迷你馬；賞鳥區有多種珍禽，還可與鸚鵡互動。阿嬤的柑仔店外頭有大型古早益智童玩。湖的旁邊設置了傳統釣魚的體驗設施—釣覘（ㄓㄢ）；大人們可參與水上高爾夫球。餐點提供平價速食、西式套餐、咖啡飲品；入住園區小木屋或飯店的旅客，可參與獨享的DIY 項目：長臂猿書籤、動物帽子、洗愛玉等。

Info

- $ 門票 350 元，4 歲以上 300 元
- 全年無休 08：00 ～沒有限制
- (06)699-0734
- 臺南市新市區中心東路 12 號
- 國 3 烏山頭交流道約 8 分鐘（備有付費停車場）
- 兒童遊樂設施、DIY 課程、哺乳室、可租借嬰兒手推車

1 象龜　2 青青草原的遊樂設施　3 餵魚區　4 特色盪鞦韆　5-6 親水區划竹筏，水不深即使掉入水中也沒關係

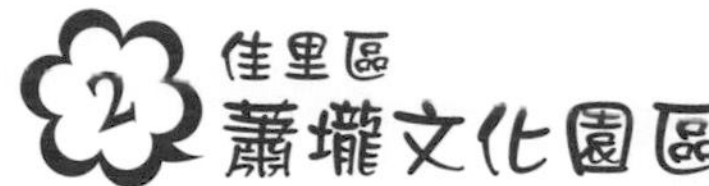

佳里區 2 蕭壠文化園區

「蕭壠」為臺南市「佳里」舊稱，原為平埔族的社名；此地在政府的推廣下，將閒置多年的倉庫，規劃成不同主題的展覽館；有專為兒童設計的遊戲室，內有大大小小溜滑梯、球池、軟式積木、攀爬繩網（這裡只有暑期假日才會開冷氣）。館外還有一隻小恐龍模型；戶外有50多部退休的五分車，重新上漆後的五分車成為小朋友的最愛。周邊還有一片花海，到了每年春夏之際，蜀葵綻放地異常美麗。

園區前方有座具有挑戰性的溜滑梯，中間有盪鞦韆，還有專為嬰幼兒設計的安全防護網。最後半部，有小型旋轉木馬、海盜船、地震屋、傾斜屋等，都需付費。園內花木扶疏，還有罕見的酪梨綠色隧道。園區的馬路對邊有兒童圖書館，館內藏書相當豐富。當然，還有不容錯過的糖廠吃冰行程，佳里糖廠最為著名的莫過於紅豆牛奶冰！

Info

- 09：00～17：00，週一、二公休
- (06)722-9910
- 臺南市佳里區六安里 130 號
- 國 1 麻豆交流道約 12 分鐘（備有停車場）
- 兒童遊樂設施、爬行區、哺乳室

1 蠟像人和五分車　2 恐龍模型　3 蜀葵於春夏之際綻放　4 戶外溜滑梯　5 室內兒童遊樂設施　6 積木創作區

3 大內區
南瀛天文教育園區

展示館共分三層樓，有各式各樣的虛擬互動體驗儀器，小朋友可以從遊戲中學到非常豐富的天文知識，從歷史研究、各種行星、外太空、外星人、太空梭等。地下室有親子互動遊戲場，大布幕的天文地景，玩法就如同放大版的大富翁遊戲。園區占地廣大，生態池圍繞著展覽館。星象館有 2 D 劇場（100 元）和 3D 星相劇場（130 元）、圖書室。如果肚子餓了，日晷餐廳有提供餐飲。

Info

- 門票 50 元，週一公休
- 全年無休 09：00 ～ 17：00，週六星象館延長至 20：00，觀測館延長至 21：00
- (06)576-1076
- 臺南市大內區曲溪里 34-2 號
- 國 3 善化交流道約 10 分鐘（路邊停車）

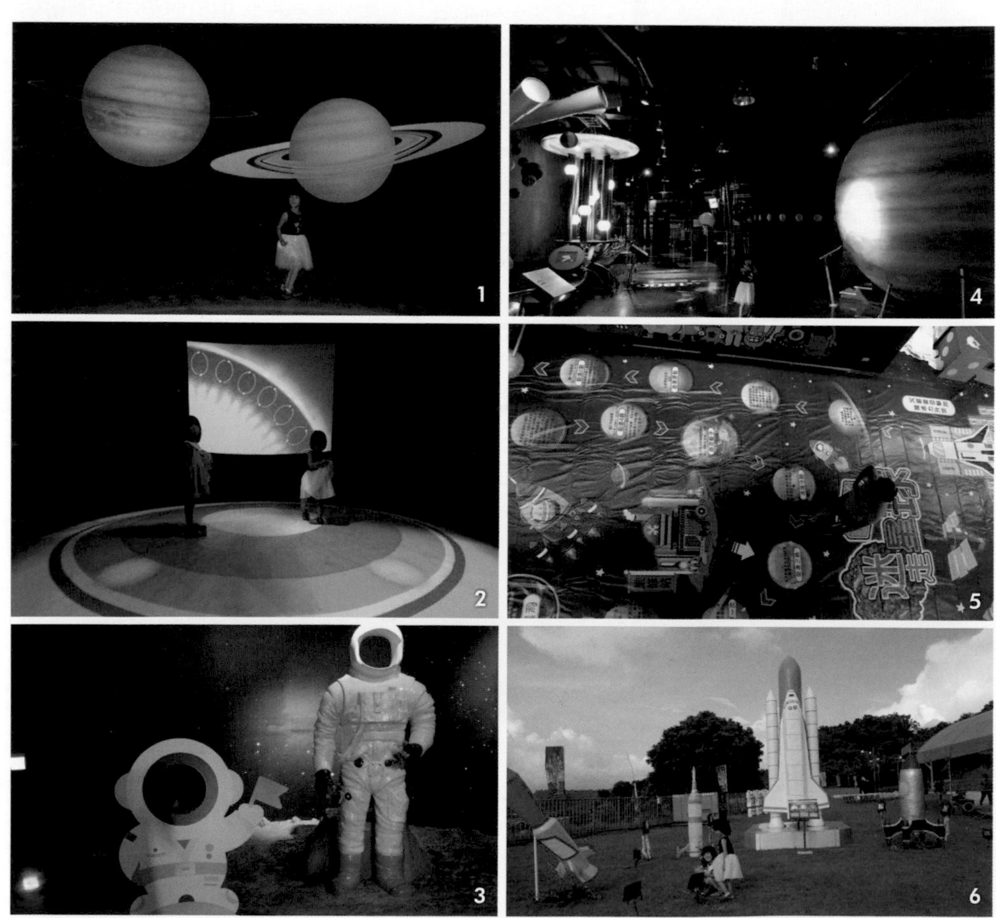

1 星球彩繪牆　2 介紹太陽的影片室　3 太空人合影區　4 各大行星　5 大地遊戲大富翁遊戲　6 戶外廣場

1 牛車　2 親子廣場　3 特色溜滑梯　4 碰碰船　5 精湛的馬術秀　6 大型稻草藝術創作

4 大內區 走馬瀨農場

園區占地廣闊，親子廣場上有多種體能遊樂設施，有超長滾輪溜滑梯、輪胎滑翔、攀爬岩場、碉堡繩網，許多小朋友光是在此就玩得不亦樂乎。青青草原上有多種大型稻草藝術創作：恐龍、史前象；還有最為知名的熱氣球嘉年華會（不定期）！假日限定的表演秀，鄉村劇場有魔幻特技秀，精湛的飆馬表演是來自哈薩克的專業馬術師：站著駕馭奔騰的雙馬、從奔騰馬匹的脖子繞上繩索一圈！

園區內還有多種付費遊樂項目：碰碰船 100 元／ 10 分鐘、賞黑面琵鷺 200 元／ 10 分鐘、射箭 50 元／ 10 隻、牛車 100 元／人、戲水世界全票 100 元（夏天限定）、腳踏車 50 元／半小時等（建議購買套票較划算）；逛累了，不妨搭乘免費的遊園車。另外園區也提供精緻的旅宿服務。

Info

- 門票 300 元，3 ～ 6 歲 150 元
- 全年無休 09：00 ～ 17：00，假日提早至 08：00
- (06)576-0121
- 臺南市大內區二溪里唭子瓦 60 號
- 國 3 官田，接臺 84 快速道路下玉井交流道約 1 分鐘（備有付費停車場）
- 兒童遊樂設施、動物農場、哺乳室

5 善化區 善化糖廠

善化糖廠最有名的莫過於紅豆牛奶冰，還有許多人兒時記憶的古早味「玉米冰棒」！廠外放置了退休的老火車，另一棟建築為文物館。緊鄰在側的善化國小，屬於開放式校園，沒有圍牆。校園內有多座溜滑梯，有鐵製古樸的，也有現代常見塑膠的。還有一小區沙坑。

善化國小有多座特色溜滑梯

Info
- 全年無休 09：00 ～ 19：00
- (06)581-0218
- 臺南市善化區溪美里 262 號
- 國 1 麻豆交流道約 10 分鐘（備有停車場）
- 兒童遊樂設施

6 善化區 善化啤酒廠

園區戶外有許多啤酒桶及其他零件打造的藝術裝置，像是酒桶涼亭、尿尿小童、洗手台、啤酒桶牆等，還有一小區庭園，魚池可餵魚。啤酒文物館展示啤酒生產過程的海報、機器。販賣部有多款伴手禮、平價美食、還有用啤酒酵母做出來的麵包喔！假日會有攤販提供 DIY 活動，如手工皂、造型氣球。

Info
- 全年無休 09：00 ～ 17：00
- (06)583-8511
- 臺南市善化區成功路 2 號
- 國 3 善化交流道約 3 分鐘（備有停車場）
- DIY 課程、哺乳室

1 藝術裝置　2 園區一景

販賣部

7 七股區 和明織品文化館 HMTM

由工廠改建而成的文化館，採挑高式設計、空間感極好，一進入館內是咖啡、輕食區，後方才是文化館。內部展示空間不大，布置相當用心，有古老的裁縫車，介紹織品的相關背景、染劑的種類等；後方的販賣部，有多款設計性強、質料又好的衣服，大人小孩皆有。DIY 有手染布、布編案拼貼、免針線抱枕，平日建議先預約。

Info
- 09：00 ～ 18：00，週一公休
- (06)787-1611
- 臺南市七股區大埕里大埕 189 號
- 國 1 麻豆交流道約 20 分鐘（備有停車場）
- DIY 手染布、哺乳室

8 七股區 七股鹽山

七股鹽山園區有多種兒童遊樂設施：遊園車，車程約 10 分鐘（50 元／人）、沙灘車適合親子兩人共乘（150 元／輛）。腳踏船也設計成當地特有鳥類「黑面琵鷺」的造型（100 元／台）。另外在遊樂區，有蛋糕馬車、氣墊碰碰船（50 元／次）。還有夏日限定的不沉之海（門票 200 元）；DIY 鹽罐可以依造自己喜歡的顏色，填裝五顏六色的彩鹽！

Info
- 門票：機車、徒步 50 元，汽車每台 100 元
- 全年無休 09：00 ～ 18：00
- (06)780-0511
- 臺南市七股區鹽埕里 66 號
- 國 1 接東西向快速道路臺 84 線，再接快速道路臺 61 線，下七股區交流道約 5 分鐘（備有收費停車場）
- 兒童遊樂設施、DIY 鹽罐、哺乳室

1 羊咩咩藝術拍照區　**2** 曬鹽場

9 七股區 黑面琵鷺生態展示館

每年十月至隔年四月左右，東亞特有的黑面琵鷺會從遙遠寒冷的北方，來到臺灣過冬。而曾文溪出海口，擁有獨特豐富的自然資源，是個覓食過冬的好地方。展示館建於隔離綠帶的水上，館內的多媒體教室，播放相關影片，還有一小區兒童閱讀區，有一些動物相關的童書。常態展示區有黑面琵鷺的模型、彩繪壁畫。到此請記得靜靜地觀賞，千萬不要喧鬧奔跑或做出驚嚇牠們的行為喔！

Info

9：00～16：30，週一公休
(06)788-1180#204
臺南市七股區海埔 47 號
國 1 接東西向快速道路臺 84 線，再接快速道路臺 61 線，下七股區交流道約 15 分鐘（備有停車場）

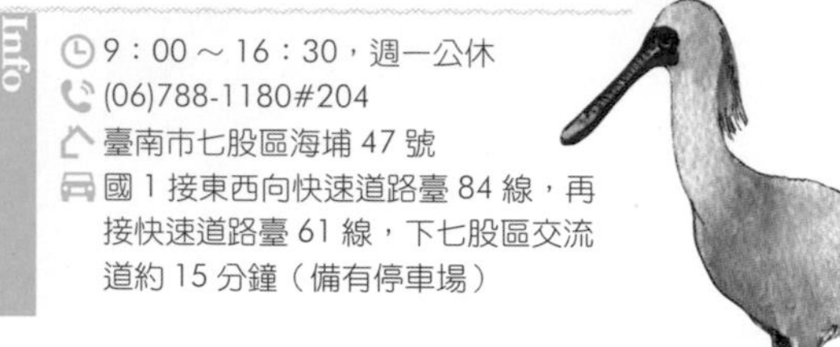

1 展示館內部　2 黑面琵鷺木雕椅

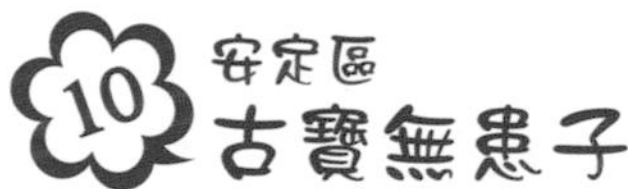

10 安定區 古寶無患子

無患子可說是大自然給與最天然、無負擔的清潔用品，其外皮可以搓揉出泡泡，裡面的種子也可 DIY 做成各種藝品，古早的佛珠就是用無患子做成的喔！董事長有感於文化的傳承，特地研發多種因應時代的清潔用品，還有 BABY 系列可買，保證不含防腐劑、人工色素、石化界面活性劑。展場還有一面驚人的迴力車收藏，戶外有花園區、古早童玩體驗。

Info

全年無休 09：00～17：00
0800-200240
臺南市安定區南安里 62-18 號
國 1 安定交流道 5 分鐘（備有停車場）
兒童遊樂設施

1 戶外花園區　2 迴力車收藏牆面

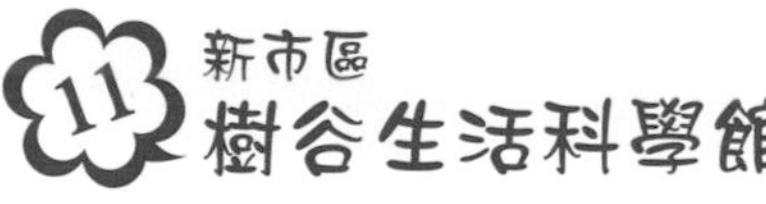

11 新市區 樹谷生活科學館

入館前，就有兩隻逼真的恐龍模型，小朋友可以乘坐在恐龍背上，投幣後恐龍會搖晃發出聲響，但要注意的是，有些小朋友會覺得太過刺激喔！此館是臺灣首座以骨骼標本為主題概念設計的博物館，有多種史前巨獸骨骼化石，還有高度超過一層樓的巨無霸劍齒象！

探索故事屋內有一些建構教具，DIY 活動有恐龍鑰匙圈、年輪時鐘、仿古手編，還有特別恐龍慶生童樂會，需上官網報名。科學區則以 16 世紀文藝復興風為主要背景，有多種可動手操作的科學實驗。體感遊戲建議 120 公分以上學童參加。

Info
- 09：00～17：00，週一公休
- (06)589-4800
- 臺南市新市區中心東路 12 號
- 國 1 安定交流道約 8 分鐘（備有停車場）
- 兒童遊樂設施、爬行區、DIY 課程、哺乳室

1 霸王龍投幣乘坐設施　2 科學區

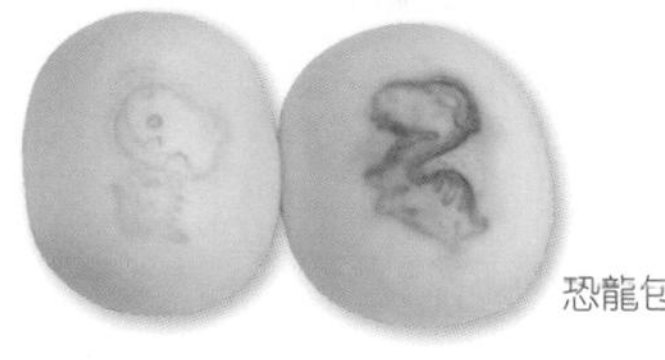

恐龍包子

犀牛化石

Info
- 08:30～17:30，平日中午休息，週一、二上午公休
- (06)573-1174
- 臺南市左鎮區榮和里 61 之 1 號
- 國 8 新化交流道約 10 分鐘（備有停車場）

12 左鎮區 菜寮化石館

民國 60 年在這裡發現了左鎮人化石（與山頂洞人同期），開啟了臺灣史前考古文化重要的一頁。這裡除了左鎮人化石，還有珍藏古象化石、鱷魚、魚、貝類等古生物化石，和菜寮溪出土的動植物化石，其中最吸睛的就是巨大的犀牛化石。旁邊的蝙蝠館，2 樓介紹蝙蝠的生態，3 樓是平埔族展，珍藏早期先人日常生活的器具。園區的旁邊緊鄰國小，小朋友也可進入校園內玩溜滑梯。

1 農具展示　2 戶外露天雅座

13 新化區 瓜瓜園觀光工廠

由農會輔導的產銷班加工站，將甘藷推動成為新化鎮一鄉一特產代表作物，提供無毒、健康的優質地瓜；園區入口處有供應免費的有機地瓜茶，味道嘗起來別有一番風味；故事館內可以看到栽培地瓜的相關背景，還有早期相關農具展示；團體可預約 DIY 搓地瓜湯圓；挖地瓜有季節限定，建議先電話詢問。販賣部結合多種地瓜相關產品：冰烤蕃薯、蕃薯片、薯條等；戶外有露天雅座可以稍坐休憩。

Info
- 全年無休 09：00 ～ 17：00，
- (06)590-2966
- 臺南市新化區中正路 65-1 號
- 國 1 永康交流道約 6 分鐘（備有停車場）
- DIY 採地瓜、搓湯圓

14 永康區 警察故事屋兒童的派出所

以「警察」為主題館的親子餐廳，提供平價的餐飲服務。館內拘留室和偵訊室其實是小朋友的遊戲室，館方還特別訂製兒童專屬的警帽，讓小朋友過過癮。戶外有非常多種騎乘玩具、遮陰沙坑、夏天限定戲水池。團體可預約包場、烤肉的服務！

Info
- 低消 150 元
- 全年無休 09：00 ～ 20：00
- (06)312-8623
- 臺南市永康區復興路 82 號
- 國 1 臺南交流道約 6 分鐘（備有停車場）
- 兒童遊樂設施、爬行墊

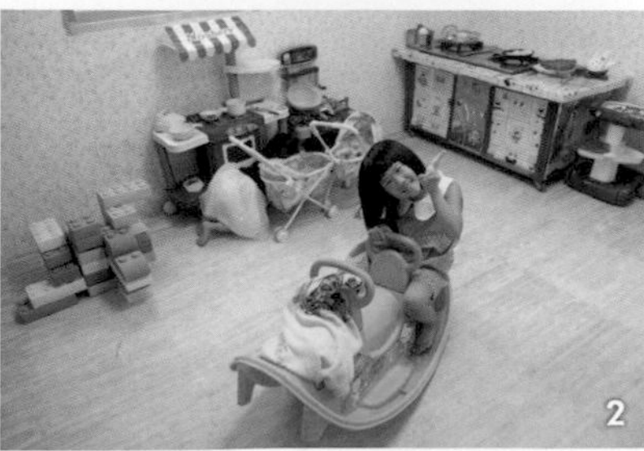

1 戶外廣場　2 拘留室

15 後壁區 土溝農村

土溝社區將不只保有老房子，在許多閒置的小塊空地上設計了不同的藝術裝置，沿著小小的鄉道，會有大大的驚奇；其中的土溝農村美術館是由廢棄廠房改造而成，室內展只有六、日及國定假日有開放（購票後，方能進入），戶外有舒適的草皮，展覽內容會依檔期而更換。

土溝社區

Info
- 臺南市後壁區土溝里 56-1 號
- 國 1 接快速道路臺 82 線，下水上交流道約 10 分鐘（路邊停車）

蒙古包

Info
- 11：00 ～ 22：00，週一公休
- (06)391-1388
- 臺南市安平區同平路 127 巷 16 弄 1 號
- 國 1 臺南交流道約 25 分鐘（備有停車場）
- 兒童遊樂設施

16 安平區 臺灣咖啡文化館

遠遠即可看到顯眼的荷蘭大風車、數個蒙古包，這裡充滿濃濃的異國風味。蒙古包其實是主題包廂，提供中式合菜料理（低消 1,000 元）。館內共分兩層樓，有用餐區、咖啡文化介紹區、精美伴手禮區，2 樓可以眺望漁港，別有一番風情。

17 關廟區 大正製麵（馬家關廟麵）

在關廟區約有近 20 家的曬麵廠，商家依然秉持著傳統工法，堅持不添加防腐劑、不漂白，並且自然曝曬，讓麵條吸滿兩天飽飽的陽光，而捲成一綑綑的麵條，更自然的延長了麵條的保存期限，包裝主要採塑膠袋裝，依客戶訂單需求，才會加密封包裝。

關廟麵

Info
- (06)595-6726
- 臺南市關廟區旺萊路 396 號
- 國 3 關廟交流道約 10 分鐘（備有停車場）

高雄

①富樂夢觀光工廠
②臺灣滷味博物館
③義大遊樂世界
④綠樹林幸福農場
⑤中外餅舖棋餅文創館
⑥老爸機場咖啡
⑦大魯閣草衙道
⑧珍芳烏魚子見學工廠

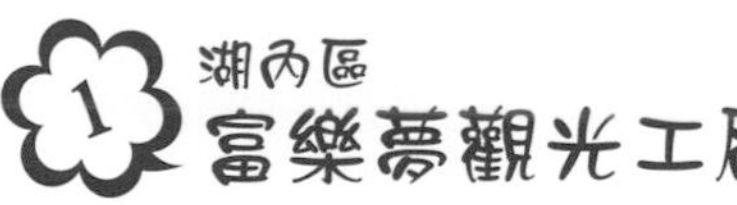

1 湖內區 富樂夢觀光工廠

不用購票也可進入商品區，若是文具控或是家裡有小朋友，會覺得這裡真是太好買了，送禮自用兩相宜！富樂夢多年來奔波於各個小學，回收市面含有 PVC 的橡皮擦，免費兌換無毒環保的橡皮擦（PVC 製成的橡皮擦，會添加塑化劑，此物質會干擾小朋友的內分泌系統）富樂夢拒絕使用 PVC 去製成文具，因此這邊提供的商品讓家長可以非常安心地選購（DIY 文具 50 元起）。

- 門票 100 元，4 歲以上兒童 50 元，可兌換等值小禮物。
- 09：30 ～ 17：30，週一公休
- (07)699 6173
- 高雄市湖內區中山路二段 42 號
- 國 1 仁德交流道 8 分鐘（備有停車場）
- 兒童遊樂設施、哺乳室、DIY 文具

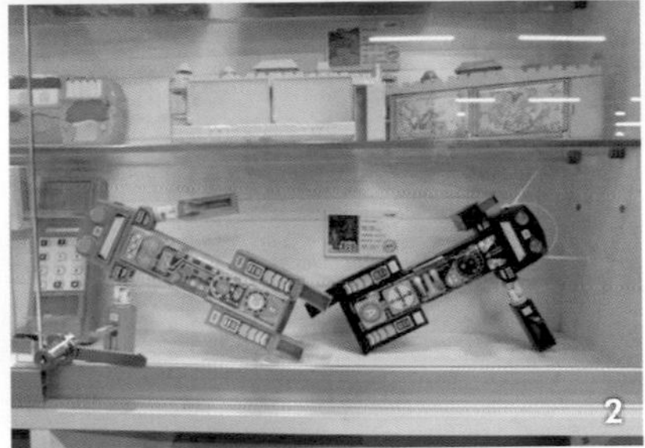

1 園區一景　**2** 特色鉛筆盒

2 岡山區 臺灣滷味博物館

在臺南夜市起家的得意中華滷味，選擇在高雄建造滷味博物館，戶外有花園用餐區，還有數種古早童玩可體驗。室內有用餐區、古早商品可選購。假日有兩場 DIY 黃金蛋，一份 200 元，團體平日可預約。

Info

- 全年無休 08：00 ～ 17：00
- (07)622-9100
- 高雄市岡山區本工一路 25 號
- 國 1 高科交流道 5 分鐘（路邊停車）
- DIY 黃金蛋

1 花園用餐區　**2** 2 樓簡報室

3 大樹區
義大遊樂世界

臺灣率先以古希臘為主題的大型遊樂園。園區為狹長型，動線規劃相當明瞭，共區分為A、B、C三區，建議遊客們可以先搭乘入口處旁的城堡列車到園區最末端（C區），再慢慢地玩回來。

「大衛城」是園區的出口，也是遊行表演、吉祥物見面的地點（有分時段）。B區「聖托里尼山城」有大型戶外遊樂設施，地中海風格的藝術造景，相當適合拍照；1樓的糖果博覽會為乖乖的常設展覽，繽紛童趣的色彩，總是吸引小朋友流連忘返。

1 戶外海洋造景　2 吉祥物見面會　3 戶外遊樂設施　4 托里尼山城　5 糖果博覽會　6 乖乖主題館

在B區3樓有3D塗鴉魚，需額外購票50元／份，小朋友可以大展創意塗色於指定的紙張後，即可把紙張上的圖案投映在螢幕上！C區「特洛伊城堡」的遊樂設施有旋轉木馬、海狗歷險記、咖啡杯、旋轉飛車等，是適合小朋友玩耍的地區，部分設施都在室內，即使下雨也不怕。

Info

- $ 3～12歲580元；學生799元；全票門票899元，13：30後入園650元
- 全年無休09：00～17：00
- 0800-588-887
- 高雄市大樹區學城路一段10號
- 國10仁武交流道12分鐘（備有停車場）
- 兒童遊樂設施、哺乳室

7 3D塗鴉魚　**8** 商店街　**9** 特洛伊木馬　**10-11** 室內兒童遊樂設施　**12** 戶外遊樂設施

4 三民區
綠樹林幸福農場

隱藏在小巷弄中的農場，是城市中難得的綠地；戶外有沙坑、汽艇小船、大型氣墊溜滑梯、家禽區、香草區、樹林果園。室內用餐區相當寬敞，採中、西式料理，角落規劃一區為兒童遊戲區，須脱鞋進入。此處若是團體旅遊也是個不錯的選擇，戶外有舞台區可免費使用，還可堆土窯。

Info

- $ 1 歲以上門票 100 元，50 元抵消費，50 元抵商品
- 全年無休 11：00 ～ 21：30
- (07)310-0052
- 高雄市三民區鼎金 6 巷 17 號
- 國 1 鼎金交流道 1 分鐘（備有停車場）
- 兒童遊樂設施、爬行墊、動物農場

2

3

4

5

1

6

1 鄉村生活　2 戶外兒童遊戲區　3 汽艇小船　4 沙坑　5 室內兒童遊戲區　6 室內用餐區

5 左營區 中外餅舖棋餅文創館

緊鄰蓮池潭旁的餅舖，這裡不僅有各式傳統的糕餅，還有獨特的棋餅可選購，團體可預約 DIY 棋餅。戶外的天井，則設計成大地棋盤，每個小木椅上都刻著不同的樣式，相當特別。

天井中設置大地棋盤

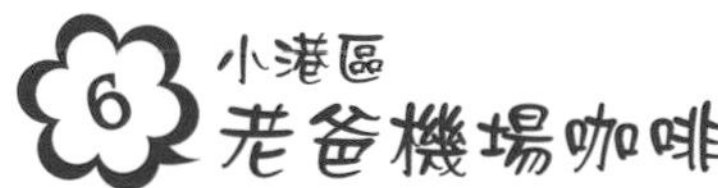

Info
- 全年無休 09：00～21：00
- (07)588-6366
- 高雄市左營區蓮潭路 60-1 號
- 國 10 左營交流道 5 分鐘（路邊停車）
- DIY 棋餅

6 小港區 老爸機場咖啡

小港機場旁有數家飛機主題餐廳，淨園農場和天空之城需門票，規模較大。若單純地想要看飛機，可以選擇老爸機場咖啡，這裡不需要門票，一份餐點的價位也較便宜。在觀景台前也有一塊乾淨的草坪可以讓小朋友奔跑。園區多處有木頭飛機看板，相當適合照相！

Info
- 10：00～21：30，週四 14：00～21：30，週一公休
- 0912-987852
- 高雄市小港區明聖街 135 巷 10 弄 16 號
- 國 1 瑞隆路交流道 8 分鐘（備有停車場）

1 木頭飛機看板　**2** 觀景台

7 前鎮區 大魯閣草衙道

大魯閣是高雄在 2016 年最新強檔旅遊景點，結合購物商場、連鎖餐飲、鈴鹿賽道樂園。此樂園是日本唯一授權原創的主題樂園，主打各種遊戲車，並結合仿真的賽道，希望親子一起遊樂的同時，能學習到安全的交通常規，設施採計次收費，50 元起，另外還有旋轉木馬、賽車、全臺灣最快的摩天輪！

Info

- 週一至週四 11：00 ～ 22：00，週五 11：00 ～ 22：00，週六 10：30 ～ 22：30，週日 10：30 ～ 22：00
- (07)7969-999
- 高雄市前鎮區中山四路 100 號
- 國 1 由中安路匝道出口，約 5 分鐘（備有收費停車場）
- 兒童遊樂設施

1 廣場一景　2 遊戲車

8 前鎮區 珍芳烏魚子見學工廠

1 館內一景　2 日曬烏魚子

工廠從一間小小的兩坪店面，擴大到現在的規模，依舊堅持傳統，從原料的挑選（野生烏魚，非養殖）、製成（用檜木壓乾鹽漬）、日曬。工廠需預約參觀，有精彩的導覽，還有一小段繪本故事。館內有電擊地圖迷宮、數位媽祖求籤、DIY100 元起，有烏魚子飯糰、烏魚子製作。

Info

- 3 歲以上門票 50 元，可抵消費
- 全年無休 09：30 ～ 11：30，14：00 ～ 16：30
- (07)310-0052
- 高雄市前鎮區新衙路 296 巷 81 弄 13 號
- 國 1 高雄交流道 5 分鐘（備有停車場）
- DIY 烏魚子

屏東

①屏東戲曲故事館
②心之和 Cheese Cake
③大茉莉農莊

① 潮州鎮 屏東戲曲故事館

建於是日治時期的潮州郵局，經改造後成為戲曲故事館，因為潮州是三大傳統戲曲重鎮：歌仔戲、布袋戲與皮影戲。館內不大，建議團體預約導覽，會有非常豐富的收穫唷！歌仔戲區旁邊的樂器可以試玩、布袋戲區有人偶可以體驗，還有臺灣廟會常看到的民俗藝陣：三太子、七爺八爺，如此近距離的觀賞，很多小朋友看到都會嚇一大跳！

Info
- 09：00 ～ 17：00，週一公休
- (08)789-3596
- 屏東縣潮州鎮建基路 58 號
- 國 3 接快速道路臺 88 線，下竹田交流道約 6 分鐘（路邊停車）

1 入口處　2 臺灣廟會常看到的民俗藝陣

② 潮州鎮 心之和 Cheese Cake

屏東超人氣蛋糕店，除了招牌乳酪蛋糕，也供應多樣特色甜點，從居高不下的人氣，就可知道它的美味程度！戶外有露天雅座，非常適合悠哉地享用下午茶，旁邊有塊小草皮讓小孩放鬆一下。建議避開假日，因為人潮非常洶湧，而且點餐速度較慢。

Info
- 10：00 ～ 18：00，週一公休
- (08)789-7322
- 屏東縣潮州鎮彭城路 108 號
- 國 3 接快速道路臺 88 線，下竹田交流道約 6 分鐘（路邊停車）

1 園區一景　2 園區的甜點相當美味

3 里港鄉 大茉莉農莊

什麼！園區那些簡潔有力，又不失獨特藝術的房子，竟然全部是用紙做的！這些紙磚可是利用廢報紙製成紙漿，取代傳統厚重、易碎的紅磚，既環保又美觀，而且設計者還是一個老外呢！後園區還有座池塘，遊客們可以撐竿划竹筏，旁邊有座沙坑；園區內有販賣Pizza、柴燒麵包、花果飲料等。

Info

- $ 2 歲以上低消 150 元
- 9：00～18：00，週三公休
- 0925-930-989
- 屏東縣里港鄉載南路 19 巷 12 弄 20 號
- 國 3 里港交流道約 10 分鐘（備有停車場）
- 兒童遊樂設施

1 紙房子 **2** 划竹筏

宜蘭

員山鄉

宜蘭市

五結鄉

冬山鄉

蘇澳鎮

南澳鎮

①菌寶貝博物館
②莎貝莉娜精靈印畫學院
③宜蘭運動公園
④積木博物館
⑤望龍埤
⑥螃蟹冒泡
⑦員山生態教育館
⑧金車威士忌酒廠
⑨內城社區鐵牛力阿卡
⑩香草菲菲
⑪虎牌米粉產業文化館
⑫玉兔鉛筆
⑬溪和三代目
⑭博士鴨觀光工廠
⑮宜農農場
⑯生態綠舟
⑰珍珠社區
⑱菇菇茶米館
⑲香格里拉休閒農場
⑳仁山植物園
㉑奇麗灣珍奶文化館
㉒蜡藝彩繪館
㉓一米特創藝美食館
㉔無尾港 82 民宿
㉕祝大漁物產文創館
㉖東岳冷泉

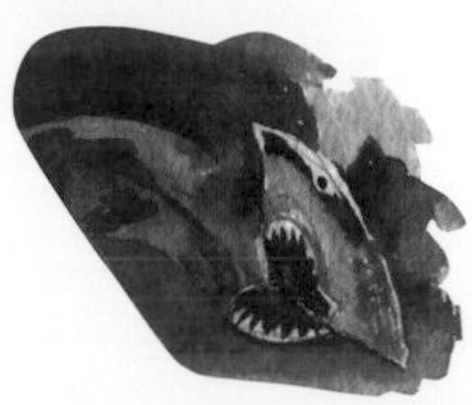

1 宜蘭市 菌寶貝博物館

博物館是由知名的拜寧生物集團所設立。館內主要介紹生活中常見的菌種，2 樓有影片播放室，建議可以參加導覽，會讓小朋友對微生物有更深的認識。展售區強力主打益生菌，是粉狀的包裝，可直接吃，味道就像養樂多！ DIY 需事先預約，有北蟲草「接菌種」的體驗（180 元／份）、化妝水、乳液、面膜。

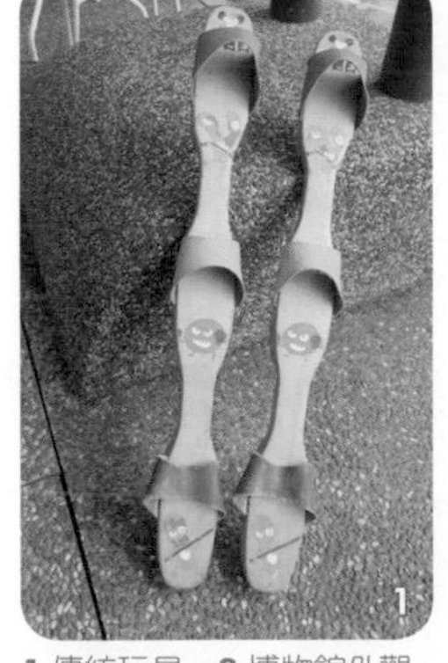

Info

- 全年無休 9：00 ～ 17：00
- (03)928-1168
- 宜蘭縣宜蘭市梅洲一路 22 號
- 國 5 宜蘭交流道約 10 分鐘（備有停車場）
- 兒童遊樂設施、哺乳室、DIY 北蟲草「接菌種」體驗

1 傳統玩具　2 博物館外觀

2 宜蘭市 莎貝莉娜精靈印畫學院

1 夢幻的入口　2 展售區明亮寬敞

是臺灣的自創品牌，專門研發透明的矽膠印章，它可以吸附在任何光滑表面的物體上，如果打燈在上面，印章會閃閃發光，因而得名「水晶印章」。DIY 課程是在實用的素色袋子上，讓小朋友大展創意的隨心所「印」。

Info

- 90 公分以上門票 50 元
- 全年無休 9：00 ～ 17：00
- (03)928-5563
- 宜蘭縣宜蘭市梅洲一路 16-3 號
- 國 5 宜蘭交流道約 10 分鐘（備有停車場）
- DIY 課程

3 宜蘭市
宜蘭運動公園

公園的兒童遊樂設施主要是以「鐵」的材質來做設計，造型獨特，例如大船、特色盪鞦韆、水管溜滑梯、體能探索；公園還有溜冰場，處處是碎石，小朋友可以挖得很開心喔！

Info
宜蘭縣宜蘭市中山路一段 755 號
國 5 宜蘭交流道約 15 分鐘（備有停車場）
兒童遊樂設施

1 體能訓練場　2 戰艦

3 特色盪鞦韆　4 水管溜滑梯　5 超有特色的溜滑梯　6 廢氣火車

4 宜蘭市 積木博物館

說到積木，大部分的人就會聯想到樂高，在這裡就會大大地發現積木不只是積木，Brick 不是只有 LEGO！號稱「積木博物館」的這裡，深入地介紹積木的歷史，館內甚至還有世界上生產出的第一批「積木」和第一顆「LEGO」。

全世界的積木種類超過千種，這裡網羅國內外大師級的積木巨作，鎮店之寶是全世界最長的積木「清明上河圖」，還有價值百萬的「珍珠奶茶」！

1 宜蘭積木博物館顯眼的外觀　2 鎮店之寶—價值百萬的珍珠奶茶　3 鎮店之寶—清明上河圖

為了讓大家不要走馬看花，園區會不定時的提供導覽，若完成闖關小活動，可兌換小禮物一份。商品區的產品不僅便宜，更充滿特色，有獨家販售發光積木、日本紙藝積木、積木便當，並且提供臺灣在地優秀積木創作家一個很好的展售平台，所以來到這真的要小心您的荷包！而小朋友最關心的還是 DIY 時間，內容主要分成三項：積木鑰匙圈、積木紙盒、造型吸管，離場前，記得兌換飲料喔！戶外提供數個積木台讓小朋友體驗積木無窮迷人的樂趣！假日人潮洶湧，強烈建議事先預約。

Info

- 全年無休 9：00 ～ 17：00
- (03)925-6180
- 宜蘭縣宜蘭市縣政北路 2 號
- 國 5 宜蘭交流道約 15 分鐘（備有停車場）
- 兒童遊樂設施、DIY 課程

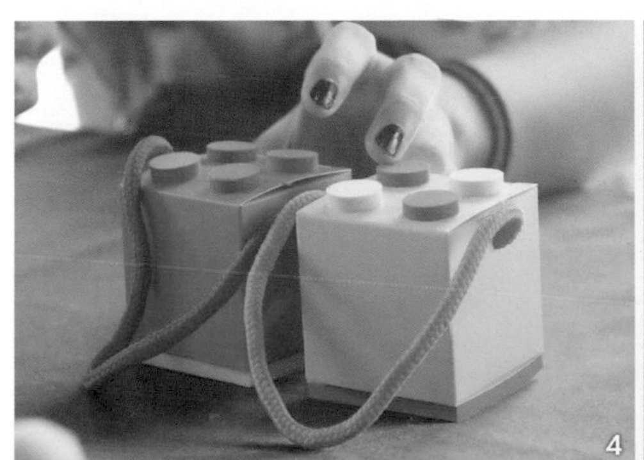

4 DIY 積木紙盒　**5** 發光積木區作品區　**6** 戶外積木體驗區

5 員山鄉 望龍埤

又名「軟埤」，面積不大，小朋友可以輕易走完環湖步道，途中會經過涼亭、九曲橋、拱橋。在埤塘的另一邊有親子餐廳「豬龍寨」，小朋友可以體驗窯烤 Pizza DIY（一份 250 元）。

Info
宜蘭縣員山鄉坡城路
國 5 宜蘭交流道約 20 分鐘（路邊停車）
DIY Pizza

1 埤塘　2 豬龍寨前方的戲水池

天然湧泉

Info
宜蘭縣員山鄉大湖路 18-1 號
國 5 宜蘭交流道約 20 分鐘（路邊停車）

6 員山鄉 螃蟹冒泡

屬於天然湧泉，因長年地下水湧出而形成沼澤地，經當地鄉公所整建成為適合全家大小共遊的休閒場所。如今依然可見池子不斷冒著小氣泡，彷彿螃蟹藏在沙底裡吐氣一般，因而得名；池深約到大人的膝蓋，可以自行攜帶游泳圈讓較小的幼兒下水，池內有小魚小蝦，也可準備漁網體驗撈魚之樂！

1 1 樓互動裝置　2 蹦蹦車

7 員山鄉 員山生態教育館

教育館共分兩層樓，1 樓利用有趣的互動裝置，讓小朋友可以輕鬆認識森林生態，按壓木板即可聞到不同木頭的香氣、聆聽各式森林動物的叫聲。蹦蹦車播放的影片讓人彷彿親身搭乘太平山的林業小火車；2 樓有親子閱讀區。

Info
- 9：00 ～ 17：00，週一、二公休
- (03)922-4307
- 宜蘭縣員山鄉員山路一段 163 號
- 國 5 宜蘭交流道約 15 分鐘（備有停車場）

8 員山鄉 金車威士忌酒廠

金車深耕宜蘭多年，酒廠占地廣大，蒸餾廠內可以參觀，酒堡館內有影片播放、伯朗咖啡廳全天候供應簡餐、甜點。戶外還有占地廣大的草皮可以讓小朋友奔跑。

Info
- 全年無休 9：00 ～ 18：00
- (03)922-9000
- 宜蘭縣員山鄉員山路二段 326 號
- 國 5 宜蘭交流道約 20 分鐘（備有停車場）

1 藏酒窖　2 室內公仔

鐵牛車

9 員山鄉 內城社區鐵牛力阿卡

臺灣早期常見的鐵牛車，在內城社區的努力下，轉型成為觀光產業。鐵牛車帶領遊客悠遊鄉間的大樹公、生態公園、埤塘，一車可坐六個人（900 元／ 1.5hr），團體一人 150 元（3 歲以下不收費），或是參與 DIY 活動：手工皂、紅龜粿、筆筒（100 元／人）皆須事先預約，如果想單純到社區參觀，可以去看機器人造景與泡腳。

Info
- 0972-887-739
- 宜蘭縣員山鄉榮光路 321 號
- 國 5 宜蘭交流道約 22 分鐘（備有停車場）
- 兒童遊樂設施、DIY 課程

10 員山鄉 香草菲菲

一進入到這間美麗的玻璃溫室，即可聞到各式清新的天然植物香味，館內不只販售多種香草花卉植物，還有供應麵包、飲品、精油，也有 DIY 課程「蝶谷巴特盆栽」（250 元／份）。2 樓有天空走廊，3 樓可以俯瞰埤塘。「菲菲」為老闆愛犬的名子，所以本園區也是寵物親善場所！

美麗的玻璃溫室

Info
- 門票 100 元，可抵消費
- 9：00 ～ 18：00，週一公休
- (03)922-9933
- 宜蘭縣員山鄉內城村內城路 650 號
- 國 5 宜蘭交流道約 23 分鐘（備有停車場）
- 兒童遊樂設施、DIY 課程

五結鄉
虎牌米粉產業文化館

虎牌米粉，在臺灣深耕 40 年，是臺灣唯一採自動化生產米粉的現代工廠，館方以「那個年代」呈現臺灣早期 1970 年代的風華，逼真的街道、古樸的擺設，非常適合愛照相的朋友到此來懷舊一番，其中的「阿嬌米粉攤」是有在營業的喔！逛累了不妨到此休息一下，享用平價的古早味米粉和魚丸湯。DIY 彩繪碗，可以在包裝紙盒外自由創作彩繪（購票進入即贈送 DIY 券）；團體可以預約電鍋炒米粉體驗。

Info

- $ 3～12 歲門票 100 元，送兌換券一張；全票 200 元，送 100 元抵用券及 1 張可換 DIY 材料包或禮品的兌換券
- 全年無休 9：00～17：00
- (03)990-7718
- 宜蘭縣五結鄉利興三路 5 號
- 國 5 羅東交流道約 15 分鐘（備有停車場）
- DIY 米粉、哺乳室

1

2

3

4

5

6

1 DIY 彩繪米粉碗　**2** 雜貨店　**3** 營業中的米粉攤　**4** 復古擔仔麵　**5** 阿嬤的灶腳　**6** 復古照相館

12 五結鄉
玉兔鉛筆

80 年老字號的工廠，黃色六角形的鉛筆，上頭帶有紅色的橡皮擦，是許多臺灣人共同的記憶。但是「為什麼鉛筆的橡皮擦總是這麼難用呢？」「為什麼只有盒裝的色鉛筆才有削頭呢？」「鉛筆裡面沒有鉛？」「原子筆跟原子彈有關係嗎？」這問題太有趣了，快到玉兔鉛筆上課找答案吧！課程為兩小時，共分為四堂課，有影片觀賞、鉛筆 DIY（創造出獨一無二的鉛筆喔！）、釣「鉛筆」競賽、疊疊樂活動（體驗過去工人排木板曬乾的辛勞）、工廠導覽。

1 釣「鉛筆」競賽　**2** 疊疊樂活動　**3** 鉛筆 DIY，可以印花，並畫上喜愛的圖騰

下課後別忘了跟全世界最大的檜木鉛筆來張紀念照唷！福利社免門票進入，這裡除了有最熟悉的黃桿藍帽原子筆，還有各種新創的特色文具，送禮自用兩相宜。

Info
$ 3 歲以上門票 150 元，含 DIY 體驗活動
全年無休 8：30 ～ 17：30
(03)965-3670
宜蘭縣五結鄉中興路三段 330 號
國 5 羅東交流道約 15 分鐘（備有停車場）
DIY 鉛筆

4 這款原子筆是臺灣許多人古早的共同記憶　5 全世界最大的檜木鉛筆　6 連升旗台都別有特色

13 五結鄉 溪和三代目

已傳承到第三代的溪和食品公司，打造充滿海洋特色的食品觀光工廠。現場隨時有導覽人員為大家解說。主打產品：櫻花蝦、吻仔魚、美小卷等，提供試吃服務。這裡還有便宜又大碗的 DIY 活動，如製作吻仔魚飯糰、押片小卷（需先預約）。

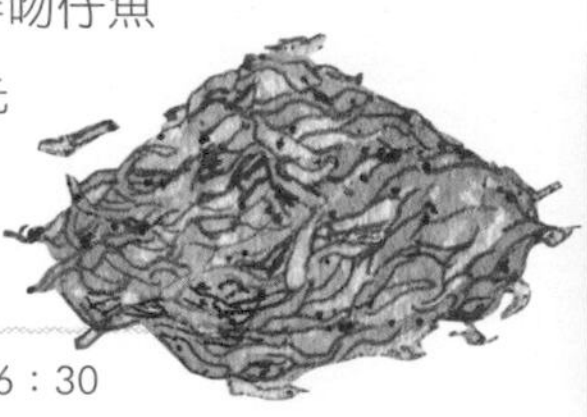

Info

- 全年無休 9：00 ～ 16：30
- (03)990-7998
- 宜蘭縣五結鄉利興二路 11 號
- 國 5 羅東交流道約 15 分鐘（備有停車場）
- DIY 海鮮料理

1 外觀　2 展售區

14 五結鄉 博士鴨觀光工廠

鴨賞是宜蘭的名產之一，已有百年以上歷史，這裡堅持用最好的原料「宜蘭櫻桃鴨」，製作出揚名國際的全系列鴨肉調理食品；遊客們可以跟「導覽」深入地了解臺灣過往至今的養鴨史；2 樓為製程生產區。3 樓模擬鴨寮寮。另外還有 DIY 活動鹹蛋、彩繪鴨（150 元／份）。

Info

- 1 樓自由參觀；進入 2、3 樓需收門票，3 歲以上 100 元，可全額抵消費
- 全年無休 8：30 ～ 18：30
- (03)956-0453
- 宜蘭縣五結鄉新五路 1-1 號
- 國 5 羅東交流道約 5 分鐘（備有停車場）
- DIY 活動鹹蛋、彩繪鴨

1 DIY 彩繪鴨　2 室內一景

15 冬山鄉 宜農農場

園區有多種動物，可餵小豬、小羊喝牛奶（30 元／瓶，牧草一把 10 元／把），或是也可體驗擠羊奶！戶外草坪區有溜滑梯，樹下有數個吊床；商品館有販售羊奶製品，如羊奶鮮奶茶、羊奶饅頭、羊奶鬆餅、羊脂油等；DIY 區也在商店裡面，有陶瓷彩繪、創意絲瓜羊。

Info

- 3 歲以上門票 30 元
- 全年無休 9：00 ～ 18：00
- (03)956-7726
- 宜蘭縣冬山鄉長春路 239 巷 17 號
- 國 5 羅東交流道約 15 分鐘（備有停車場）
- 兒童遊樂設施、動物農場、DIY 課程

1 餵小羊喝奶　2 樹下有數個吊床　3 埤塘

16 冬山鄉 生態綠舟

經歷近 20 年的整地、重建，生態綠舟於 2016 年正式開幕，主要傳達友善生活、綠色旅遊的政策。園區占地相當廣大，有各式地景藝術；橋墩下有溜滑梯，在通往搭船的橋上，有介紹行駛在冬山河鐵橋上的 12 種火車，對火車有興趣的小朋友，一定會感到很興奮的！電動船（全票 75 元，半票 35 元）會有專業的導覽做生態、人文的解說，沿途會經過模擬金門隧道、人工大峽谷，若水位不足，會暫停營運。

Info

- 全年無休 9：00 ～ 17：30
- (03)959-1314
- 宜蘭縣冬山鄉冬山路二段 172 號
- 國 5 羅東交流道約 15 分鐘（正門口備有付費停車場，冬山火車站下方的停車場不收費）
- 兒童遊樂設施

1 電動船　**2** 橋墩下的溜滑梯　**3** 彩繪看板　**4** 木樁　**5-6** 藝術造景

17 冬山鄉 珍珠社區

社區周邊種植水稻為主，進而結合在地特色，創造出獨特的稻草工藝館。遊客們可以到此參觀各式樸實的稻草工藝品：稻草娃娃、稻草編織、稻草面具等；前方的廣場還有一顆超大的稻草球讓小朋友推滾；或可預約 DIY 草編、風箏製作。

1 稻草藝術裝置　2 看看自己是否能推動大球呢？

Info
- 8：00 ～ 17：00，週一公休
- (03)960-0720
- 宜蘭縣冬山鄉幸福二路 73 號
- 國 5 羅東交流道約 15 分鐘（備有停車場）
- 兒童遊樂設施、DIY 風箏

18 冬山鄉 菇菇茶米館

冬山鄉農會設立的菇菇茶米館，結合在地三大特產：菇類、茶葉、稻米。入口處的展售區有不少精緻伴手禮可選購；園區後方則是餐廳，最熱門的就是健康養生菇菇鍋，這裡可以報名 DIY 飯糰（一份 250 元），利用五行米創造獨特的可愛飯糰；另外還有 DIY 白雪耳飲品、栽種太空菇。

Info
- 8：00 ～ 17：30，假日晚一小時營業
- (03)958-2299
- 宜蘭縣冬山鄉永興路二段 48 號
- 國 5 羅東交流道約 15 分鐘（備有停車場）
- DIY 動物飯糰

1 DIY 動物飯糰　2 舞台

19 冬山鄉 香格里拉休閒農場

坐落在山區的農場擁有極佳視野，農場內有山訓設施、多處設有盪鞦韆。建議購買套票較划算，或住宿可免費進入農場，晚上還有免費的民俗活動，如：祈福天燈、打陀螺、搓湯圓等。

Info

- $ 100 公分以上門票 250 元
- 全年無休 08：00 ～ 17：00
- (03)951-0456
- 宜蘭縣冬山鄉梅山路 168 號
- 國 5 羅東交流道約 25 分鐘（備有停車場）
- 兒童遊樂設施

1 盪鞦韆　2 山訓設施　3 大型泡泡　4 祈福鐘

20 冬山鄉 仁山植物園

占地相當廣大的植物園，除了保留在地原生樹種，還有規劃中式庭園、英式花園、日式庭園，相當適合學步兒童的初級健行之旅。

後門景緻

Info
- 全年無休 8：00 ～ 17：00，夏天延長半小時
- (03)958-5991
- 宜蘭縣冬山鄉新寮路 500 號
- 國 5 羅東交流道約 30 分鐘（正門口備有付費停車場，後方出口停車場則不收費）

21 蘇澳鎮 奇麗灣珍奶文化館

臺灣的珍珠奶茶究竟是如何風靡全世界？走一趟文化館，便可知曉！商品區有特色伴手禮、茶具、咖啡。熟食區則供應平價的臺灣小吃如刈包、炸雞，樣樣與珍珠奶茶都是絕配。DIY 燈泡奶茶（有場次限定，230 元）；在園區的後頭有座小型的溜滑梯。

Info
- 全年無休 9：00 ～ 17：30
- (03)990-9966
- 宜蘭縣蘇澳鎮頂強路 23 號
- 國 5 蘇澳交流道約 8 分鐘（備有停車場）
- 兒童遊樂設施、DIY 課程

1 燈泡奶茶　2 2 樓珍奶故事館

22 蘇澳鎮
蜡藝彩繪館

工廠營運近三十個年頭，從最早期的蠟筆，到如今五花八門的繪圖工具，著實不簡單。小朋友來一趟彩繪館，一次就可以體驗五種不同的 DIY 項目：拓印區、彩色筆（自己挑三種顏色製作彩色筆）、造型蠟筆、環保多重色蠟筆、人體彩繪（可以挑自己喜歡的模型，或是由現場老師直接彩繪）。館內的後方還有提供各式各樣免費的道具服，款式相當多變，整裝後，小寶貝就可以到星光大道走秀去啦！離場前，記得持門票的抵用券到商品區挑個小禮物，這裡販售著各式各樣彩繪工具，非常好買。不須預約即可前往，但假日人潮洶湧，儘量選擇平日到訪。

Info

- 3 歲以上門票 200 元，含 DIY 課程和產品消費抵用券 100 元
- 全年無休 8：30 ～ 17：00，15：30 前購票進場
- (03)990-7101
- 宜蘭縣蘇澳鎮德興六路 7 號
- 國 5 蘇澳交流道約 8 分鐘（備有停車場，滿位時請路邊單向停車）
- DIY 課程

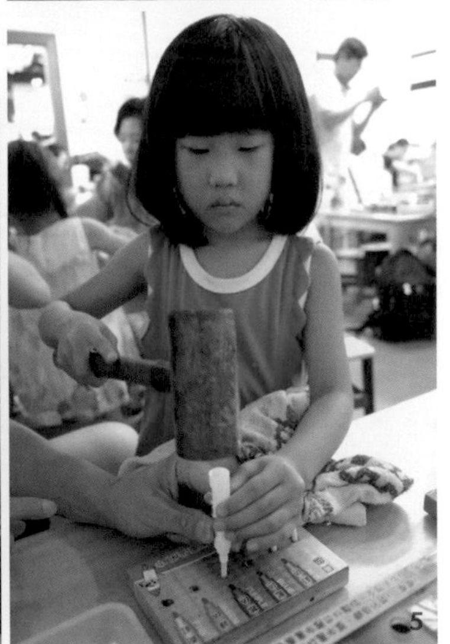

1 造型蠟筆　2 色彩鮮明的入口　3 拓印區　4 人體彩繪　5 DIY 彩色筆，放入筆芯

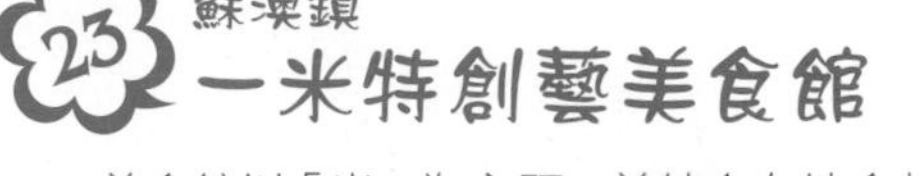

23 蘇澳鎮 一米特創藝美食館

美食館以「米」為主題，並結合在地食材，讓傳統美食更發揚光大，例如雪莓娘、米的麻糬餅乾、黑美人手工麻糬。全國首創以冷泉入冰的特色冰品，展售區提供試吃，有各種米相關的伴手禮；DIY 課程有熊麻吉（200 元／份）、冰沙（100 元／份）。園區占地不小，戶外有冷泉泡腳池、兒童水池，創辦人感念兒時在田裡玩耍的單純記憶，特別在園區多處以馬賽克拼貼方式設計農村意象圖。

1 館內有多個可愛公仔　2 戶外兒童水池

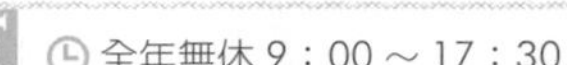

Info

- 全年無休 9：00 ～ 17：30
- (03)990-7779
- 宜蘭縣蘇澳鎮祥和路 199 號
- 國 5 蘇澳交流道約 2 分鐘（備有停車場）
- 兒童遊樂設施、DIY 課程

1 民宿客廳　2 海邊可以看到龜山島

24 蘇澳鎮 無尾港 82 民宿

全國第一個水鳥保護區就位於蘇澳隧道前的無尾港，廣大的沼澤地形保持了原始的自然風貌。團體可以跟民宿預約深度鳥類導覽、窯烤 Pizza（假日限定），民宿是一間 70 多年的檜木傳統建築物，建材採用當地的石板，冬暖夏涼，價錢親民，兩人房才 1,000 元，步行至海邊只要 5 分鐘，往南可到赫赫有名，也是全世界唯一的「蘇澳冷泉」。

Info

- 0932-090-597 楊大哥
- 宜蘭縣蘇澳鎮嶺腳路 82 號
- 國 5 蘇澳交流道約 8 分鐘（備有停車場）
- DIY 課程

25 蘇澳鎮 祝大漁物產文創館

祝大漁物產文創館是蘇澳漁會為了推廣農產品特別設立的觀光工廠，入口處是超級特別的 3D 魚龍捲海底隧道，逼真的程度彷彿就快要被吸到海底去啦！從隧道可通往 3 樓；2 樓為 DIY 貝殼瓶和昂貴的紅珊瑚展售區；1 樓是賣場，有各種與魚相關的文創商品、食品。文創館就位在漁港旁邊，逛完後不妨到附近的海產街來趟美食之旅。

Info
- 全年無休 9：00 ～ 17：00
- (03)995-1050
- 宜蘭縣蘇澳鎮江夏路 52-2 號
- 國 5 蘇澳交流道約 10 分鐘（備有停車場）
- DIY 貝殼瓶

1 1 樓賣場　2 3D 魚龍捲海底隧道

26 南澳鎮 東岳冷泉

早期鐵路工程時，挖出泉脈，後來將泉水引入東澳溪，以人工方式堆疊出不同階層的溪流，平均深度 60 公分，淺水處約到腳踝而已，相當適合幼兒，或是也可自備玩水充氣泳圈。泉水溫度全年保持在 14 ～ 16 度（比蘇澳冷泉的 22 度還冷喔），清澈見底。全區禁止露營、烤肉。

冷泉

Info
- 宜蘭縣南澳鄉蘇花路三段 209 號（東澳國小）
- GPS 設定上述東澳國小地址後，再往深處開約 3 分鐘（備有停車）

花蓮

①地耕味—玩味蕃樂園
②西寶國小
③阿美小米文化館
④後山．山後故事館
⑤立川漁場
⑥牛山呼庭
⑦遠雄海洋公園
⑧新光兆豐休閒農場

1 新城鄉
地耕味—玩味薯樂園

宗泰食品旗下有多家公司，像是阿美小米文化館、七星柴魚博物館等。位於花蓮新城鄉的是番薯主題館，1 樓則是商品區，對於要採購伴手禮的遊客，也是個非常棒的選擇，這裡還有 13 個特色印章供遊客蓋印作紀念，是根據花蓮各個鄉區特色名產，設計而成，相當用心！ 2 樓打造成臺灣早期農業復古風，非常適合愛拍照的遊客。

Info

- 全年無休 08：00 ～ 18：00
- (03)826-0707
- 花蓮縣新城鄉康樂村加灣 17 之 1 號
- 臺 9 線往北方向 192.5 公里處

1 地瓜主題館　**2** 逼真的電車景像　**3** 2 樓走臺灣早期復古風　**4** 農業復古風　**5** 臺灣 70 年代街景　**6** 復古造景

2 秀林鄉 西寶國小

位於中橫路段的西寶國小，是名副其實的森林小學，有個充滿設計感的建築物，旁邊還有小型的兒童遊戲場， 適合做中繼休息站。

Info
- 僅假日開放，平日學童上課不建議前往
- (03)869-1040
- 花蓮縣秀林鄉富世村西寶 11 號
- 臺 9 線至新城，轉臺 8 線進入太魯閣國家公園，經天祥後即可到達

學校正面

1 原住民一條街　2 入口處

3 吉安鄉 阿美小米文化館

小米是原住民的重要糧食作物，在小米文化館的 2 樓是故事館，介紹小米文化，還有數個非常精美的紀念印章可以蓋印作留念，走道的旁邊則可看到加工廠。1 樓是販售區，總類多樣，對於要採購伴手禮的朋友，這裡絕對會讓人荷包大失血。附近還有一個原住民夜市，可安排就近用餐。

Info
- 全年無休 07：00 ～ 18：00
- (03)842-0033
- 花蓮縣吉安鄉南濱路一段 258 號
- 臺 9 線吉安鄉方向，知本宣大道三段右轉，到南濱路一段左轉後約 2 公里處（在左側）

4 吉安鄉 後山・山後故事館

經濟部輔導的故事館，主要分成三大產類：石材、海洋深層水、文創產業。1 樓提供在地藝術家一個很好的商品展示平台，有各式各樣的文創商品可選購，這裡的商品不只 MIT，更呈現濃濃地花東風情。3 樓可以觀看 360 度全景影片。

Info
- 全年無休 08：30 ～ 17：30
- (03)842-0899
- 花蓮縣吉安鄉光華村南濱路一段 532 號
- 臺 9 線，193 線道南濱路往中華紙廠方向

1 3 樓石材故事館　**2** 園區後方有休閒雅座

5 壽豐鄉 立川漁場

立川擁有得天獨厚的好環境：利用天然湧泉活水養殖，生產出高品質的黃金蜆。園區池子不深，大約三歲以上的小朋友都可輕易上手摸蜆去。體驗完「摸蜆兼洗褲」，不妨到餐廳享用新鮮的海鮮料理。販賣部則有蜆的相關生技產品：蜆精、蜆錠、蜆丸；漁場還有蜆殼DIY活動（需預約，100元／人）。

1 摸蜆池
2 入口處

Info
- 5 歲以上門票 120 元，附商品折價券，可帶回 1 斤的蜆
- 全年無休 08：00 ～ 19：00
- (03)865-1333
- 花蓮縣壽豐鄉共和村漁池 45 號
- 臺 9 線，219.5 公里處橋下進入，沿指標可達
- DIY 蜆殼

6 壽豐鄉 牛山呼庭

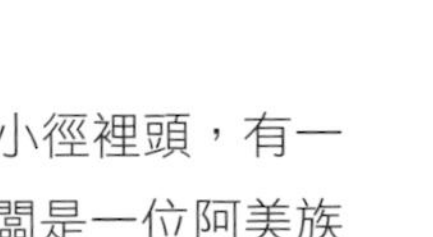

很難想像在如此偏遠的森林小徑裡頭，有一座如此充滿藝術氣息的園區。老闆是一位阿美族人，他用原住民天生的藝術細胞，創作出大量的木雕作品，結合大自然的淨土，讓此處充滿不可思議的奇幻感覺；在園區的前方，即是大片的沙灘。園區還有經營民宿，若是想要體驗滿天星空的遊客，此處絕對是最佳選擇（草地也可露營）。

Info

- $ 門票 50 元，可抵消費
- 全年無休 10：00 ～ 18：00
- (03)860-1400
- 花蓮縣壽豐鄉牛山 39 之 5 號
- 臺 11 線 26.4 公里處轉入，往下大約 1.5 公里即可抵達

1 入口處　**2** 草坪如茵　**3** 草坪的高處可以看到海景
4 園區可直接通往海邊　**5** 園區有大量雕塑作品　**6** 水牛藝品

7 壽豐鄉 遠雄海洋公園

緊鄰海邊的海洋公園，是整個太平洋最大、最美麗的海洋王國！離入口處最近的海洋村，採用北美漁村的建築風格，裡頭盡是琳瑯滿目的特色海洋周邊商品。探險島水族館有豐富的海洋生物，還有餵食秀表演！歡樂大街有摩天輪和餐廳。遊樂設施除了海盜灣的設施較刺激，其他大部分遊樂設施的身高限制只有 90 公分，相當適合小小朋友！有飛旋貝殼、瘋狂潛水艇、雲霄飛車（小藍經歷險記）、碰碰船，逛累了可以搭乘晴空纜車往返！表演有：海豚秀、海獅小學堂、室內大型歌舞特技表演！園區還有個相當特別的活動「海洋夜未眠」，2 天 1 夜的行程，白天有專屬課程，夜晚讓魚兒陪您入眠，3 ～ 7 歲 1,399 元，7 歲以上 2,499 元。詳細活動需以官網為主（http://www.farglory-oceanpark.com.tw）。

Info

- $ 3 ～ 6 歲或身高 100 ～ 115 公分 390 元，7 ～ 12 歲或身高 115 ～ 150 公分 590 元，13 ～ 18 歲 790 元，全票 890 元
- 全年無休 09：30 ～ 17：00
- (03)812-3199
- 花蓮縣壽豐鄉鹽寮村福德 189 號
- 臺 9 線駛過花蓮大橋後，接臺 11 線往東海岸方向可達
- 兒童遊樂設施、哺乳室

1 搭乘晴空纜車可往返園區　2 海豚跳躍　3 海獅籃球賽　4 互動造景

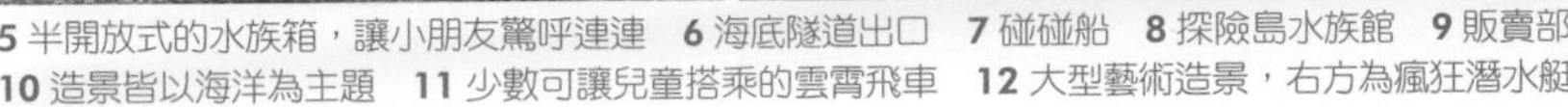

5 半開放式的水族箱，讓小朋友驚呼連連　6 海底隧道出口　7 碰碰船　8 探險島水族館　9 販賣部
10 造景皆以海洋為主題　11 少數可讓兒童搭乘的雲霄飛車　12 大型藝術造景，右方為瘋狂潛水艇

8 鳳林鎮
新光兆豐休閒農場

臺灣東部指標性大型農場，非兆豐農場莫屬！營業服務40年，人氣依舊紅不讓，更令人期待就是2017年鐵路改道後，遊客們可以搭火車直達農場！園區占地非常廣闊，建議可以租借腳踏車來個深度之旅，有兩輪、四輪、人力、動力（100元起），或是搭乘免費的遊園小火車。

入口處是歐式花園，旁邊有兒童戲水區（暑假限定）、遊戲區、侏儸紀恐龍。園區的後半部則是動物農場，其中有幾項可與人互動：浣熊、樹懶、生態鳥園、鸚鵡拍照，建議可以先詳閱手冊上面的導覽時間，以免錯過就太可惜啦！有時還可以看到野放的孔雀，悠哉地走在園區。也可以買牧草餵餵小動物、奶瓶餵小牛，以上皆是50元／份；冬天可以租借天鵝腳踏船遊湖。園區有供應簡餐，當然絕不容錯過非常濃郁的乳製相關產品。在農場旁邊則是溫泉住宿區，凡住宿的旅客皆會贈送「農場招待券」。

Info

- $ 6～12歲200元，13～18歲250元，全票350元
- 全年無休 08：00～17：00
- (03)877-2666
- 花蓮縣鳳林鎮永福街20號
- 臺9線蘇花公路，經花蓮市到新豐平橋，下橋後臺9線230.5公里處
- 兒童遊樂設施、動物農場、哺乳室

1 兒童戲水區 **2** 餐廳前方的馬車造景 **3** 恐龍區
4 兒童遊樂設施

5 廣闊的大草皮上有羊兒藝術裝置　6 農場的乳製品保證超高品質　7 白猴王的家　8 遊客們可以體驗餵食鳥兒的樂趣
9 餵小牛喝奶奶　10 樹懶連吃東西也是躺著吃　11 抱抱小浣熊體驗，後方為電動車　12 浪漫的藝術造景是情侶的最愛

臺東

①巴歌浪船屋民宿
②池上鄉農會四季花海
③金色豐收館
④臺東池上飯包文化故事館
⑤關山米國學校
⑥知本溼地
⑦臺東森林公園
⑧小野柳
⑨卑南文化公園
⑩臺灣史前文化博物館
⑪臺東鐵道藝術村
⑫賴馬繪本館
⑬臺東兒童故事館
⑭豐源國小
⑮聖母健康農莊
⑯初鹿牧場
⑰臺東原生應用植物園
⑱杉原海洋生態公園
⑲大武山自然教育中心

① 長濱鄉 巴歌浪船屋民宿

逼真的造型船屋，裡面一間間的房間是民宿，三層樓高的船頂，還有個露天休息平台！即使非在此住宿的旅客，也可到此用餐，供應精緻的無菜單原住民風味餐（需事先預訂，大人 600 元，國小以上 300 元）。民宿前方的草皮是露營區，再往前則是美麗乾淨的沙灘！

造型船屋

Info

(089)881-400
臺東縣長濱鄉樟原村大峰峰 15 號
臺 11 線 72.5 公里處轉入，繼續行駛約 500 公尺即可抵達

② 池上鄉 池上鄉農會四季花海

位於金色豐收館正對面的四季花海同樣也是由池上鄉農會所規劃。花海占地廣大，處處呈現精細的花卉景觀設計，對於喜愛拍照的朋友，是絕對不能錯過的好景點。

Info

(089)865-936
臺東縣池上鄉新興村七鄰 85-6 號
臺 9 線 324.5 公里處

園區一景

3 池上鄉 金色豐收館

池上鄉為臺灣生產優良米的重鎮，金色豐收館實為池上鄉農會碾米廠，館內珍藏早期的農業用具。伴手禮區則有眾多當地農特產品，相當好買。若希望能有更深入的行程，建議預約導覽，行程內容可以親手碾米、製作爆米香，還可以將自己包裝的米帶回家！

1 碾米　2 戶外公仔

Info

- 09：00 ～ 17：00，週日公休
- (089)864-880
- 臺東縣池上鄉新興村七鄰 85-6 號
- 臺 9 線南下方向行進約 300 公尺後右轉續行 250 公尺，位於道路右側

4 池上鄉 臺東池上飯包文化故事館

館內裝潢走臺灣早期農業復古風，這裡不僅可以品嘗道地的池上飯包，也可購買當地的農特產品。戶外兩台顯眼的廢棄電車，已改造成特色用餐區。2 樓為故事館，訴說著李家阿嬤傳奇的故事，從一開始賣的番薯餅，到當今廣為人知的池上飯包！

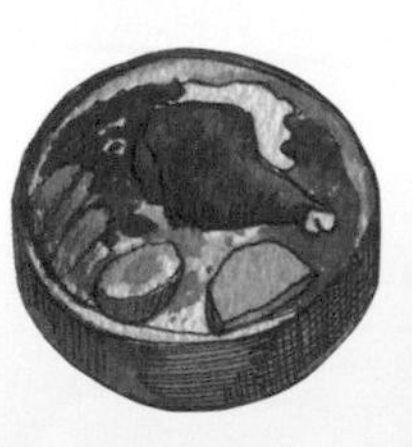

Info

- 全年無休 08：00 ～ 21：00
- (089)862-362
- 臺東縣池上鄉忠孝路 259 號
- 臺 9 線（中山路）北上方向行進約 200 公尺右轉中正路，續行約 200 公尺至忠孝路口可到達

1 黑板圖畫區　2 復古用餐區

關山鎮
關山米國學校

此為關山鎮農會將舊碾米廠改建而成；在舊有的廠房外牆，重新畫上生動的彩繪；廠房內也有地景可拍照。舊有的運米走道，可以走上去懷舊一下。商品館把優良的在地米結合文創，相當適合當伴手禮，旁邊還設有數個大的米桶，裡面擺放著各種不同的米粒，從最一開始的米粒、糟糠、胚芽米、精米等，小朋友可以摸摸看體驗其差異。還可以預約DIY，親自體驗製米過程；後方的農地有時以花海設計，有時耕作蔬果，開放大家採果（費用另寄）。

Info

全年無休 08：00 ～ 17：30

(089)810-138

臺東縣關山鎮昌林路 24-1 號

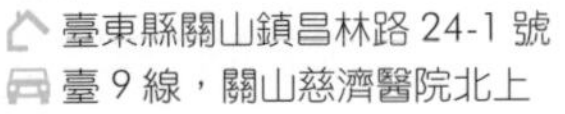

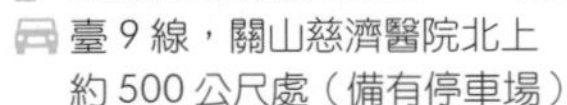

臺 9 線，關山慈濟醫院北上約 500 公尺處（備有停車場）

1 摸米體驗　2 入口處　3 藝術創作　4 運米走道　5 溜滑梯　6 彩繪牆

6 臺東市 知本溼地

當地人對知本溼地有個美麗的別名「夢幻湖」，前往的路途不太好找，途中會經過一些泥土石子路；海邊沿岸是美麗的圓滾石頭。

Info
臺東縣臺東市知本里
臺 11 線 175 公里處，到知本路橋前左轉到底

1 如詩畫般的湖泊　2 湖泊清澈見底

7 臺東市 臺東森林公園

以往臺東市每逢秋季便刮起強烈的東北季風，大量風沙壟罩整個臺東市，在種植防風林「木麻黃」後漸趨改善，森林公園便在縣政府的規劃下催生而成一座適合踏青的黑森林。園區有琵琶湖、鷺鷥湖、人工湖，有著珍貴的溼地生態，其中的活水湖是每年舉辦龍舟競賽的地點。園區占地廣大，適合手推車、自行車，由於公園近空軍基地，因此運氣好的話還可看到空軍演習喔！

Info
臺東縣臺東市華泰路 300 號
距臺東火車站約 10 分鐘車程（備有停車場）

1 特殊的地質結構　2 餐廳

⑧ 臺東市 小野柳

臺 11 縣有眾多的風景區：三仙台、伽路蘭等，最南端則是豆腐岩、蜂窩岩、蕈狀岩等各種奇形怪狀的岩石，對小朋友而言，如此巨大的岩石，就是天然的攀岩場！天晴時，更可以清楚地看見 32 公里外的綠島。

Info

- (089)280-313
- 汽車平日 50 元，假日 60 元
- 臺東縣臺東市松江路一段 500 號
- 臺 11 縣，162 公里處（備有停車場）

⑨ 臺東市 卑南文化公園

有非常大片的草坪可讓小朋友奔跑，累了可以躲到樹蔭下盪鞦韆；在草皮上有個醒目的竹屋，是仿造早期卑南族少年接受部落教育的場所，但是不可以攀爬上去喔！喜歡深度旅遊的遊客們，可購票進入遊客服務中心參觀遺址，有豐富的史前文化導覽；園內有一個不起眼的「月形石柱」，快來一探究竟為何它會被列為國家一級古蹟呢？！

Info

- 遊客服務中心門票 30 元
- 09：00 ～ 17：00，週一公休
- (089)233-466
- 臺東縣臺東市南王里文化公園路 200 號
- 臺 9 線（臺東市更生北路）經由卑南國中及縣立棒球場間 20 米大道或也可從臺東車站旁文昌路直行到底亦可到達

1 卑南建築　2 園區大樹下有數個盪鞦韆

10 臺東市
臺灣史前文化博物館

館內用大量逼真的模型，展示了臺灣史前的人類學和自然學，如冰河時期區有大型動物：長毛象，小朋友看到都會很興奮，旁邊有塗鴉區。館內提供 DIY 彩繪活動（需再付費）、哺乳室的前方特別設置了一個遊戲、閱讀空間，也可租借語音導覽來個深度之旅。本館後方有座相當美麗的花園，還有小朋友最愛的地下迷宮、遊戲場，以及定時水舞秀。教育資源中心也位於本館後方，免費進入，提供閱讀區、影音區，或是也可體驗付費 DIY 山豬彩繪。

Info

- $ 門票 80 元，持票根可以免費進入卑南文化公園的遊客中心
- 09：00 ~ 17：00，週一公休
- (089)381-166
- 臺東縣臺東市博物館路 1 號
- 距康樂火車站約 2 分鐘車程（備有停車場）
- 兒童遊樂設施、哺乳室、DIY 課程

3

4

5

1

2

6

1 地下迷宮　2 後花園　3 遊戲室　4 從玩樂中學習到相關知識　5 DIY 山豬彩繪　6 長毛象

11 臺東市 臺東鐵道藝術村

藝術村除了保留舊有的倉庫，還設置了不少地景，假日白天有市集，手作商品、藝文表演。到了傍晚，來自臺東各個學校小朋友彩繪的天燈，點亮之後，整個呈現完全不一樣的風情，天燈數量非常多，範圍很大，仔細逛下來也得花上數個鐘頭。誠品書店位於鐵花村入口處的斜對面，後方有兩大面藍晒圖，喜歡拍照的朋友千萬別錯過囉！

Info
- (089)357-095
- 臺東縣臺東市鐵花路 369 號
- 由中華路一段轉入鐵花路即可到達（臺東市旅遊服務中心後方）

1 藝術造景　2 彩繪小天燈

12 臺東市 賴馬繪本館

臺灣的本土繪本作家「賴馬」，在臺東的民宅中，提供一個相當舒服地空間，遊客們不僅可以在這邊拜讀老師的作品，還有提供小朋友創作的繪圖區。展售區有老師的歷屆作品、塗鴉海報（尺寸很大，99×62.5 公分，小朋友繪畫得很開心）、遊戲卡，也可在這邊買到簽名書！

Info
- 9：30 ～ 18：00 ，週一至週四公休
- (089)322-237
- 臺東縣臺東市開封街 680 巷
- 臺東市開封街轉進 680 巷內，約 150 公尺處，有棟粉紫色的建築物（門牌約位在 19-49 號之間）

1 小而美的空間　2 作品展示櫃

13 臺東市
臺東兒童故事館

戶外有磨石子溜滑梯、大小朋友最愛的樹屋，樹屋裡有建構多個休息平台，旁邊茂盛的大榕樹提供了最愜意的涼蔭，休息台的攀爬有一點小難度，約 6 歲的小朋友可獨立完成，但還是建議家長要注意幼童的安全。日式風格的故事館，提供非常豐富的兒童繪本，還有一部分是漫畫、小說；假日下午有聽故事時間。

Info

- 10：00 ～ 12：00，13：30 ～ 17：00，週一公休
- (089)323-319
- 臺東縣臺東市大同路 103 號
- 沿中華路轉入大同路往海濱公園方向續行約 500 公尺可到達
- 兒童遊樂設施、哺乳室

＊ 本景點因尼伯特颱風造成受損，目前修護中，預計 2017 年再度開放。

1 磨石子溜滑梯　2 樹屋　3 故事館　4 戶外一景

14 臺東市 豐源國小

以地中海風格打造的特色小學，每到假日就吸引不少愛拍照的朋友們到此取景，校園一隅有座溜滑梯，但學校並無提供廁所的服務。學校還有研發一些文創商品：手冊、拼圖、地瓜酥，遊客們不妨捧場一下，販賣的部分所得會用於校園環境的建設上，讓學童有更優質的教學環境！

Info

- 平日 17：00 ～ 19：00，假日 07：00 ～ 17：00；寒暑假平日 3:30 ～ 18：00，假日 07：00 ～ 18：00
- (089)322-063
- 臺東縣臺東市中華路四段 392 號
- 距康樂火車站約 15 分鐘車程（路邊停車）
- 兒童遊樂設施

1 地中海風的建築物　2 賴馬老師的作品

15 臺東市 聖母健康農莊

八八風災過後，在聖母醫院的協助下，讓災民能有個工作的機會。園區特別強調健康飲食，每日新鮮出爐手工麵包，自助式吃到飽（大人 250 元），還有一個理念：從土壤到餐桌，館內也可以買到在地無毒的新鮮蔬果。園區戶外走東南亞風，感覺很讓人放鬆；而在館的後方有將近四公頃的農田、觀景台、植物迷宮！

Info

- 全年無休 9：00 ～ 17：00，週五、週六延長至 20：30
- (089)512-789
- 臺東縣臺東市知本路二段 370 號
- 距知本火車站約 5 分鐘車程（備有停車場）

1 入口處　2 獨木舟

16 卑南鄉
初鹿牧場

在臺東深耕數十餘年的初鹿牧場，鮮甜可口的牛奶，是大家最為推崇的。牧場占地相當廣闊，牛隻悠哉地在四季如茵的草地上遊走，看起來好不愜意。有多樣活動可參加：騎馬（2 圈 100 元）、坐馬車（成人 100 元，兒童 50 元）、滑草（2 趟 100 元，7 歲以下請勿乘坐，禁止雙載）；還有 DIY 彩繪牛的課程。

牧場後方有可愛動物區，有袋鼠、驢子、努比亞山羊、孔雀、麝香豬、兔子等動物，餐廳提供平價美食，其中的「阿拜」更是人氣商品，是以小米和鹹豬肉製成；「鮮奶饅頭」以純鮮奶融合非基因改造麵粉製造而成，還有「鮮奶火鍋」，奶味香濃，當令鮮採蔬菜更使得湯頭鮮甜（一份 300 元）。伴手禮區相當好買，有非常多樣的相關乳製品。咖啡館和藝品館提供雅緻的休閒空間，體力好的小朋友，不妨在茶餘飯後，挑戰一下占地不小的森林步道！

Info

- $ 12 歲以上門票 100 元（假日 200 元），6 ～ 12 歲 80 元（假日 180 元），6 歲以下 50 元（假日 120 元），汽車 50 元
- 全年無休 08：00 ～ 17：00
- (089)571-002
- 臺東縣卑南鄉明峰村 28 鄰牧場 1 號
- 臺 9 線 366 公里處轉文泰路續行約 3 公里可到達
- DIY 彩繪

入口處

1 滑草活動　2 坐馬車　3 園區一景　4 盪鞦韆　5 放牧區

17 卑南鄉
臺東原生應用植物園

Info
- $ 門票 200 元，6 ～ 12 歲 100 元，可抵消費；用餐 439 元，6 ～ 12 歲 297 元，3 ～ 6 歲 60 元
- 全年無休 08：30 ～ 20：00
- (089)570-011
- 臺東縣卑南鄉試驗場 8 號
- 臺 9 線 362 公里轉入文泰路直行約 2 公里後，轉入東 38 鄉道再往前約 200 公尺可到達
- 動物農場、DIY 彩繪

對於喜愛大自然的朋友，不要錯過此植物園。搭配專業的導覽，會讓遊客們對於藥用植物有更深入的了解。在親子牧場中，可以看到羊咩咩、鴕鳥、火雞等，可至商品館買牧草（一把 20 元），或是走上空中景觀步道，可將牧場盡收眼底。團體可預約 DIY 藥草彩繪盆栽，200 元／分。園區特別強調養身系列，因此不論是餐廳火鍋、或是商品館，對於喜愛蔬食、草藥的朋友們，可千萬別錯過囉！

1 園區　2 親水廣場　3 親子牧場後方是空中走廊　4 園區地圖　5 空中走廊　6 商品館

18 卑南鄉 杉原海洋生態公園

又名「富山禁漁區」禁止任何形式的捕魚動作，因此這邊的海洋生態可謂相當豐富。遊客們可以買專用的海藻饅頭餵魚還可走在海上的人造石路，體驗「摩西分海」。遊客中心提供 DIY 活動，可用玻璃罐裝上五顏六色的沙子，再放上海星、貝殼，價錢則自由樂捐。

Info
臺東縣卑南鄉富山村杉原 24 號
(089)281-050
臺 11 線，153 公里處（備有停車場）
DIY貝殼

1 DIY 貝殼　2 摩西分海

19 太麻里鄉 大武山自然教育中心

此點可作為南迴公路中繼休息區，位於金崙溫泉內。戶外有免費提供的泡腳池，1 樓有拓印區與影音室；2 樓是自然教育區。

Info
9：00 ～ 17：00，週一公休
(089)771-912
臺東縣太麻里鄉金崙村溫泉 35-2 號
臺 9 線，414 公里處，轉入巷內 2.5 公里（路邊停車）
兒童遊樂設施、哺乳室

1 泡腳池　2 拓印區

國家圖書館出版品預行編目資料

小腳丫遊臺灣. 2 : 親子旅遊超好玩 / 劉芷溱文.
攝影. -- 初版. -- 臺北市 : 華成圖書, 2017.05
面 ; 公分. -- (自主行系列 ; B6190)
ISBN 978-986-192-300-0(平裝)

1. 臺灣遊記 2. 親子

733.6 106004069

自主行系列 B6190

小腳丫遊臺灣2 親子旅遊超好玩

作 者/劉芷溱
插 圖/郭淑莉

出版發行/華杏出版機構
華成圖書出版股份有限公司
www.far-reaching.com.tw
11493台北市內湖區洲子街72號5樓(愛丁堡科技中心)
戶 名 華成圖書出版股份有限公司
郵政劃撥 19590886
e-mail huacheng@email.farseeing.com.tw
電 話 02-27975050
傳 真 02-87972007
華杏網址 www.farseeing.com.tw
e-mail fars@ms6.hinet.net
華成創辦人 郭麗群
發 行 人 蕭聿雯
總 經 理 蕭紹宏
法律顧問 蕭雄淋・陳淑貞

主 編 王國華
責任編輯 楊心怡
美術設計 陳秋霞
印務主任 何麗英

定 價/以封底定價為準
出版印刷/2017年5月初版1刷

總 經 銷/知己圖書股份有限公司
台中市工業區30路1號 電話 04-23595819 傳真 04-23597123

讀者回函卡

謝謝您購買此書，為了加強對讀者的服務，請詳細填寫本回函卡，寄回給我們（免貼郵票）或E-mail至huacheng@email.farseeing.com.tw給予建議，您即可不定期收到本公司的出版訊息！

您所購買的書名/＿＿＿＿＿＿＿＿ 購買書店名/＿＿＿＿＿＿＿＿

您的姓名/＿＿＿＿＿＿＿＿ 聯絡電話/＿＿＿＿＿＿＿＿

您的性別/□男 □女 您的生日/西元＿＿＿＿年＿＿月＿＿日

您的通訊地址/□□□□□＿＿＿＿＿＿＿＿

您的電子郵件信箱/＿＿＿＿＿＿＿＿

您的職業/□學生 □軍公教 □金融 □服務 □資訊 □製造 □自由 □傳播
□農漁牧 □家管 □退休 □其他

您的學歷/□國中（含以下） □高中（職） □大學（大專） □研究所（含以上）

您從何處得知本書訊息/（可複選）

□書店 □網路 □報紙 □雜誌 □電視 □廣播 □他人推薦 □其他

您經常的購書習慣/（可複選）

□書店購買 □網路購書 □傳真訂購 □郵政劃撥 □其他＿＿＿＿＿＿＿＿

您覺得本書價格/□合理 □偏高 □便宜

您對本書的評價（請填代號/ 1. 非常滿意 2. 滿意 3. 尚可 4. 不滿意 5. 非常不滿意）

封面設計＿＿＿＿ 版面編排＿＿＿＿ 書名＿＿＿＿ 內容＿＿＿＿ 文筆＿＿＿＿

您對於讀完本書後感到/□收穫很大 □有點小收穫 □沒有收穫

您會推薦本書給別人嗎/□會 □不會 □不一定

您希望閱讀到什麼類型的書籍/＿＿＿＿＿＿＿＿

您對本書及我們的建議/

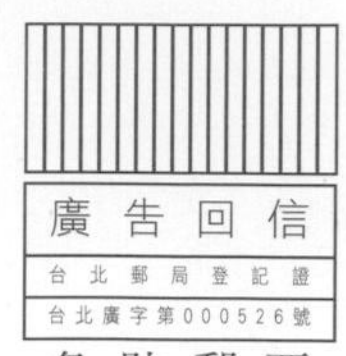

華杏出版機構

華成圖書出版股份有限公司　收

11493台北市內湖區洲子街72號5樓（愛丁堡科技中心）
TEL/02-27975050

（對折黏貼後，即可直接郵寄）

本公司為求提升品質特別設計這份「讀者回函卡」，懇請惠予意見，幫助我們更上一層樓。感謝您的支持與愛護！

www.far-reaching.com.tw　　請將　B6190　「讀者回函卡」寄回或傳真 (02) 8797-2007